監修者――五味文彦／佐藤信／高埜利彦／宮地正人／吉田伸之

［カバー表写真］
三国通覧輿地路程全図
（林子平『三国通覧図説』1785年所収）

［カバー裏写真］
海の女神、媽祖像
（長崎市崇福寺）

［扉写真］
帰国した進貢船
進貢船の図（部分）

日本史リブレット 28

# 境界をまたぐ人びと

*Murai Shosuke*
村井章介

目次

## 前近代の国境と境界人

ひとくちに「境界《きょうかい》」といっても、その実態はきわめて多様である。まず、自己／他者といった、身体的ないし心理的境界がある。これは当面、本書で扱う国境を典型とするような境界とは別ものであるが、しかしこれをわれわれ／彼らというレベルにまで拡張すれば、国籍や民族をくぎる境界と重なってくる。

また、空間的な境目に限ってみても、複数の国家領域を含む地域(「東北アジア」「東欧」「マグリブ」「オセアニア」など)間の境界もあれば、国内の地方行政単位や生活空間をくぎる境界もある。これらも、国境とのあいだに連続性をもち、EUのように、内部の国境よりは自身の内／外の境目のほうが重みのある場合もあれば、連邦制を布く諸国のように、国家内部にかなり明瞭な境目をもつ場

▼**マグリブ(Maghrib)**　アフリカ北西部のアラブ諸国を呼ぶ地域名。アラビア語で「日の没するところ」の意。国家名でいえばモロッコ・アルジェリア・チュニジアを主とし、リビア・モーリタニアを含める場合もある。

▼**EU**　欧州連合 European Union の略。一九五一年に前身のECSC(欧州石炭鉄鋼共同体)がベルギー・フランス・ドイツ・イタリア・ルクセンブルク・オランダの六カ国で発足。以後、加盟国の増加と権限の拡大を重ねて、現在二七カ国が加盟する。共通の理事会・議会・委員会(行政機関)・裁判所・中央銀行などをもち、市場としては域内国境は廃止されている。二〇〇二年から共通通貨「ユーロ Euro」が導入され、現在一九カ国で使用されている。

合もある。また、ムラとムラの境をなすヤマのようなミクロな境界から、国境を理解するヒントが得られることもある。

こうした境界たちのなかで、本書が対象とするのは、前近代の「日本国」とその外とをくぎる境界である。少なくとも日本の場合、そこに住む人びとに対する規制力（法的・心理的・文化的などさまざまな意味において）の点で、もっとも強力な境界が国境であることは、誰しも否定できないであろう。もちろん、国際化の進展の結果、数十年前に比べると国の内外の落差ははるかに小さくなったとはいえ、それでもなお、国の内／外を問わずまったく同様の感覚でふるまえるのは、ごく限られた人だけであろう。本書が国境に対象をしぼったのは、右のような現代日本の国境の性格によるところが大きい。

しかし他方、前近代にさかのぼると国境のあり方が大きく変わることも、本書が国境に関心をそそぐ理由の一つである。前近代の国境は、多くの場合、面積をもたない一本の線ではない。もっとも、隣りあう複数の国家に緊張関係が存在するといった特殊な状況がある場合、それらの国家をくぎる国境は、近代の国境に接近することがある。日本と、朝鮮半島南部を版図《はんと》にもった諸国家と

▼**日韓の国境**　一〇一九（寛仁《かんにん》三）年に女真族《じょしんぞく》の海賊が北部九州を襲った「刀伊《とい》の入寇」の際、防戦

を指揮した大宰権帥《だざいのごんのそち》藤原隆家《ふじわらのたかいえ》は、刀伊を追撃する軍に対して、「まず壱岐・対馬《つしま》等の島に到るべし、日本の境を限りて襲撃すべし、新羅《しらぎ》の境に入るべからず」と訓令した（『小右記《しょうゆうき》』）。対馬・韓《かん》半島間の海にかなり明瞭な境界が意識されていたことがわかる。

▼**外浜**　狭義には津軽《つがる》半島の青森湾側の地域をさすが、中世の史料では日本の東の境界をなす本州北辺地域を漠然とさす用例が多い。なお、現在の感覚では、この地域は「北辺《ほくへん》」のイメージが強いが、中世では東の果てであり、北の果ては佐渡《さど》、南の果ては熊野《くまの》と意識されていた。

▼**鬼界島**　現在は奄美《あまみ》諸島の「喜界島」に名が残り、また『平家《へいけ》物語《ものがたり》』で俊寛《しゅんかん》が流された鬼界島は薩摩半島南方の「硫黄島《いおうじま》」に比定できるが、中世の史料では日本の西の境界をなす九州南方の島々を漠然とさす用例が多い。

の国境▲は、身ぢかにみいだされる例である。
しかし多くの場合、国境とは面積をもつ空間であり、しかもその外延部があいまいに境内または境外にとけこんでしまうような、茫漠とした広がりであった。それゆえ境界には固有の地名があたえられることにもなった。たとえば、日本中世の史料にみえる外浜《そとがはま》▲・鬼界島《きかいがしま》▲という地名は、それぞれ「日本国」の東と西の境界そのものの名であった。

また国境が「広がり」であったことは、その空間を生存の場とする人間類型を生み出すことにもなった。彼らは必然的に、境界の内／外の二つの性格をかねそなえる両義性をおびるとともに、境界の内と外との媒介者ともなった。蝦夷《えぞ》と琉球人《りゅうきゅうじん》は日本中世におけるそうした「境界人」を代表する存在である。

したがって、本書の表題に「境界をまたぐ」とあるが、その意味は、すでに存在する境界線の内外を往来するということではない。そうした人びとの活動の場自身が境界なのであり、そこでの境界とは、彼らの活動によって伸び縮みする可変的な空間であった。

以上のような境界（国境）と境界人に対する関心に基づいて、以下の章では、古代から近世初頭までの幅のなかで、境界をまたにかけて国の内外を往来した人びとの姿を、できるだけ具体的に描いてみようと思う。

▼**砂沢遺跡**　弥生前期の遠賀川式土器と同年代とされる土器とともに、垂柳遺跡発見の水田よりさらに古い水田跡が発見された。

# ①――エミシからエゾへ――北辺の統治境界と民族境界

## 躍動する北日本

津軽《つがる》平野田舎館《いなかだて》村の垂柳《たれやなぎ》遺跡や弘前《ひろさき》市の砂沢《すなざわ》遺跡▲で水田跡が発見されたことにより、弥生《やよい》前期に東北北部で稲作が行われていたことが明らかになった。西日本の弥生前期土器《どき》を代表する遠賀川《おんががわ》式土器の系列の土器も出土しており、弥生文化は早い時期に東北北部にまで到達していたと考えざるをえない。

しかし弥生文化は北海道にまではおよばなかった。弥生時代に並行する時期に、北海道では稲作をともなわない続縄《ぞくじょうもん》文文化が展開する。そして注目すべきは、四〜五世紀になると続縄文文化が東北北部までを勢力圏におさめ、稲作前線を宮城県北部あたりまで押しさげたことである。四〜五世紀といえば列島中央部では古墳《こふん》時代であるが、前方後円墳《ぜんぽうこうえんふん》の分布も仙台平野が北限である。そのおもな原因は気候の寒冷化であろう。

その後、東北北部で稲作が復活する七〜八世紀までのあいだ、東北北部と北海道は共通の文化的様相を色濃くもち、そこの住民たちは、食糧を山・川・海

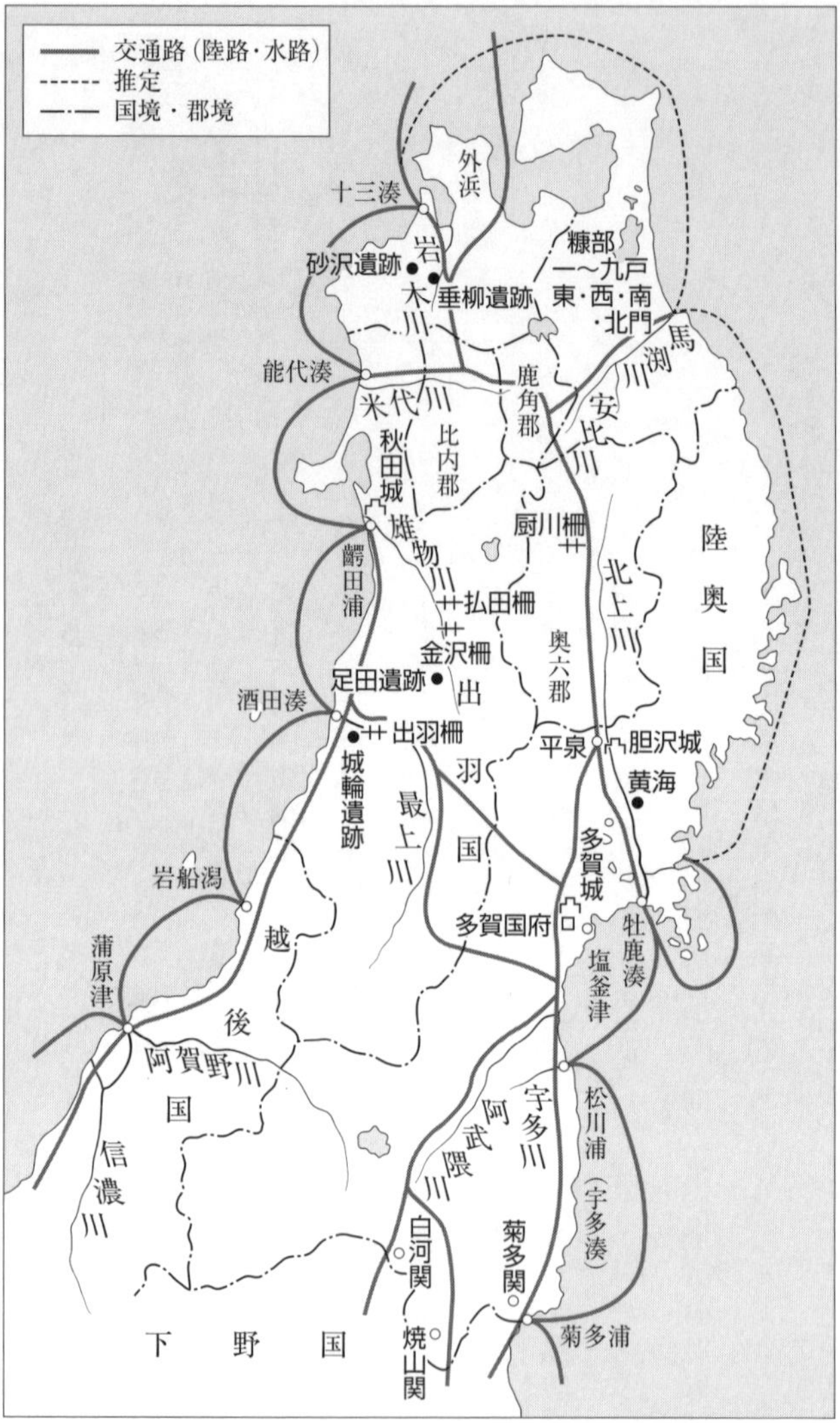


●—東北地方要図（元木泰雄編『日本の時代史７　院政の展開と内乱』に一部加除）

●—垂柳遺跡の水田跡　青森県南津軽郡田舎館村大字垂柳にある北奥地方を代表する弥生時代遺跡。浅瀬石川左岸の低地帯にあり，1981〜83(昭和56〜58)年の県教育委員会の調査で650枚あまりの小区画水田が発見された。弥生中期の田舎館式土器の標識遺跡としても著名。

●—寒川Ⅱ遺跡出土の続縄文土器　秋田県能代市寒川Ⅱ遺跡は，米代川河口近くの台地上に立地し，３世紀後半〜４世紀の６基の土壙墓のなかから多数の続縄文土器が出土した。

の幸にあおぐ生活を送っていた。これがヤマト国家▲によってエミシと呼ばれた人びとである。

稲作の再定着は東北北部に人口増をもたらし、エミシたちに階層分化が生じて、古墳を営むような族長もあらわれたが、まだ「王」と呼べるような卓越した有力者は生まれていなかった。ヤマト国家は彼らに硬軟あわせた形で接触し、その一部に「公《きみ》」「部《べ》」などの称号をあたえて(郡の役人に取り立てた例もある)支配下に取り込む一方、まつろわぬ者は軍事的に制圧しようとした。ヤマト国家は、稲作を中心とするヤマト風の生活になじんだ者たちを「熟蝦夷《にぎえみし》」「田夷《でんい》」、なお採取・狩猟中心の生活を守ろうとする者たちを「荒《あら》蝦夷」「山《さん》夷」と呼んで区別したが、両者に民族的な差異があったわけではない。

六六〇年、越国守《こしのくにのかみ》阿倍比羅夫《あべのひらふ》は、能登臣馬身龍《のとのおみまむたつ》らを従えて佐渡《さど》・津軽・北海道南部へ航海し、「渡嶋《わたりのしま》」で「粛慎《みしはせ》」と沈黙交易を試みて失敗、馬身龍は戦死した。彼らが見た古代の北方日本海世界は、沿海州南部から錫《すず》製品をもって渡来した靺鞨《まっかつ》人、北海道の海岸づたいに南下したオホーツク人、鉄製武具などをもって北上した倭人《わじん》がいりみだれ、彼らをエミシが仲介して、活発な交易を展

▼**ヤマト国家**　「日本」という国号の成立以前を含めて、大和《やまと》に中心をおく古代国家を本書ではこう呼ぶ。

開した豊かな交流世界であった。

沈黙交易というのは、言語の通じない者どうしが直接の接触を避けつつ物を交換するもので、『日本書紀《にほんしょき》』(斉明《さいめい》天皇六〈六六〇〉年三月条)のつぎの記述は、そのようすが古文献に書き留められた希有の例である。

阿倍臣、乃《すなは》ち綵帛《しみのきぬ》・兵《つはもの》(武器)・鉄《ねりかね》等を海の畔《ほとり》に積みて、貪《ほし》め嗜《つの》ましむ(ほしがらせ、気持をそそる)。粛慎、乃ち船師《ふないくさ》を陳《つら》ねて、羽を木に繋《か》けて、挙げて旗とせり。棹を斉《ひとし》めて近つき来て、浅き処に停《とま》りぬ。一船の裏《うち》より、二《ふたり》の老翁《おきな》を出《いだ》して、廻《めぐ》り行《あり》かしめて、熟《つらつら》積む所の綵帛等の物を視《み》しむ。便ち単衫《ひとへきぬ》に換へ来て、各《おのおの》布一端《ひとむら》を提《ひきさ》げて、船に乗りて還去《かへ》りぬ。俄《しばらく》ありて老翁更《また》来て、換衫《かへきぬ》を脱き置き、幷《あはせ》て提げたる布を置きて、船に乗りて退《まか》りぬ。

またヤマト国家は、八世紀前半に創建された多賀城《たがじょう》や秋田城▲に代表される城《じょう》柵《さく》を設け、エミシ支配の前進拠点とした。城柵は、軍事的な経略が進行中は、もちろん軍団の基地として機能したが、発掘された遺構はむしろ官衙《かんが》の性格が優越しており、平時は行政支配や交易の拠点であった。

▼**秋田城**　秋田市寺内《てらうち》の高清水丘陵先端部にある古代の城柵で、山形県庄内《しょうない》地方にあった出羽柵《いではのき》を七三三(天平《てんぴょう》五)年に移設したもの。出羽介《すけ》の兼官である秋田城介が駐在し、渤海《ぼっかい》使節の接待も行われた。

## ヤマト・エミシ戦争と境界

七〜九世紀は、ヤマト律令《りつりょう》国家のいわゆる「北方経略《ほっぽうけいりゃく》」が進められ、その過程で、ヤマトの側が「エミシ」と呼んだ人びととのあいだで、数度の激戦を含む緊張関係が持続した時代である。巨視的には、ヤマトが勢力範囲を北へ押し広げていった過程であるが、その歩みはけっして直線的なものではなく、また、征服戦争一本槍ではない多様な交流が、ヤマト・エミシ間に行われていた。

七七四(宝亀《ほうき》五)年から八一一(弘仁《こうにん》二)年までの三八年間、ヤマト国家は六次にわたってエミシ征討軍を派遣した。「三十八年戦争▲」と呼ばれるこの戦役に動員された兵力は、少ないときで二万、多きは一〇万を数えた。その指揮者には有名な坂上田村麻呂《さかのうえのたむらまろ》も含まれている。

七八七(延暦《えんりゃく》六)年、ヤマト国家は、「無知の百姓《ひゃくせい》」による「此《こ》の国家の貨を売りて、彼《か》の夷俘《いふ》の物を買う」交易が、「綿は既に賊に襖冑《あおかぶと》(一二ページ図参照)を着せ、鉄は亦《ま》た敵に農器を造らしむ」という事態を招くとして、違犯した場合には「其《そ》の百姓は、一《もは》ら故按察使《あぜち》▲従三位《じゅさんみ》大野朝臣東人《おおののあそんあずまひと》▲の制法に依りて」処罰する、という禁令をだした(『類聚三代格《るいじゅうさんだいきゃく》』巻十九・延暦六年正月廿一日格)。東北各地の

▼**三十八年戦争**　『日本後紀《にほんこうき》』弘仁二年閏十二月辛丑《しんちゅう》条に載せる征夷将軍文屋綿麻呂《せいいしょうぐんふんやのわたまろ》の奏言《そうげん》に、「今官軍一挙し、寇賊《こうぞく》遺るなし。事すべからく悉《ことごと》く鎮兵を廃し、永く百姓を安んずべし。……宝亀五年より当年に至る惣《す》べて卅八歳、辺寇屢しば動き警□絶ゆるなし。丁壮老弱、或いは征戍に疲れ、或いは転運に倦み、百姓窮弊して未だ休息を得ず」とある。

▼**按察使**　七一九(養老《ようろう》三)年、唐の制度にならって設置された地方行政監察官。全国的な制度としては発足後まもなく衰退するが、陸奥出羽按察使のみは陸奥守や鎮守府将軍の兼官として九世紀まで存続。

▼**大野東人**　?〜七四二年。奈良時代前半を代表する武人の一人。七二四(神亀《じんき》元)年陸奥に多賀城《たがじょう》を設置してエミシ征討に功があり、七二九(天平元)年以前に鎮守府将軍に任じられ、七三七(同九)年陸

城柵を拠点としたエミシとの交易が活発化すると、ヤマト国家はみずからの必需物資の調達を最優先する政策をとった。右の法文にあるように、大野東人が按察使であった八世紀前半に、百姓とエミシとの交易は禁止されていた。にもかかわらず、三十八年戦争のさなかの八世紀末葉でさえ、活発にエミシとの交易が行われていて、それが敵を利する結果になることを危惧せざるをえない状況があったことがわかる。

九世紀末の律令国家と出羽《でわ》のエミシとの戦い(元慶《がんぎょう》の乱《らん》)において、八七八(元慶二)年六月ころはエミシ側が圧倒的に優勢だった。「官軍」は「疲れ極まり、射矢もまた尽き」という状況で、指揮官の最上《もがみ》郡擬大領《ぎたいりょう》伴貞道《とものさだみち》と「俘魁《ふかい》」(帰順したエミシの族長)玉作《たまつくりの》宇奈麿《うなまろ》がともに戦死するほどだった(『日本三代実録《にほんさんだいじつろく》』元慶二年六月七日条)。そのときエミシは、秋田河(現在の雄物《おもの》川)を境にその北側をおのが地とすることを、ヤマト国家に提案▲した。

形勢が逆転した翌年三月、エミシは都から下向した出羽権守《ごんのかみ》藤原保則《ふじわらのやすのり》▲に「愁状十余条」を呈して、反乱にいたった理由を説明した。良吏として名高い保則は、愁状の文言を「言葉の意味が深く切実で、はなはだ道理がとおっている」

奥出羽按察使として、陸奥より出羽柵に通ずる道路をエミシの抵抗を排して開通させた。七四〇(同十二)年の藤原広嗣《ひろつぐ》の乱《らん》平定にも大将軍として活躍。

▼**エミシの提案**　『日本三代実録』元慶二年六月七日条に、「賊、秋田河以北を己が地と為さんことを請う」とある。

▼**藤原保則**　八二五〜八九五年。八六六(貞観《じょうがん》八)年以降、備中《びっちゅう》権介・同守・備前《びぜん》権守を歴任して、仁政をほどこし良吏として知られる。元慶の乱に際しては出羽権守に任じられ、エミシを懐柔策で平定。のち三善清行《みよしきよゆき》は『藤原保則伝』を著わしてその功績を顕彰した。

●──襖冑　綿襖冑ともいう。綿入れをした布の上衣と甲。『続日本紀《しょくにほんぎ》』天《てん》平《びょう》宝《ほう》字《じ》六(七六二)年正月丁未条に「東海・南海・西海等の道の節度使料の綿襖・冑各二万二百五十具を大宰府に造らしむ。其の製は一《もは》ら唐国の新様の如くす」とある。

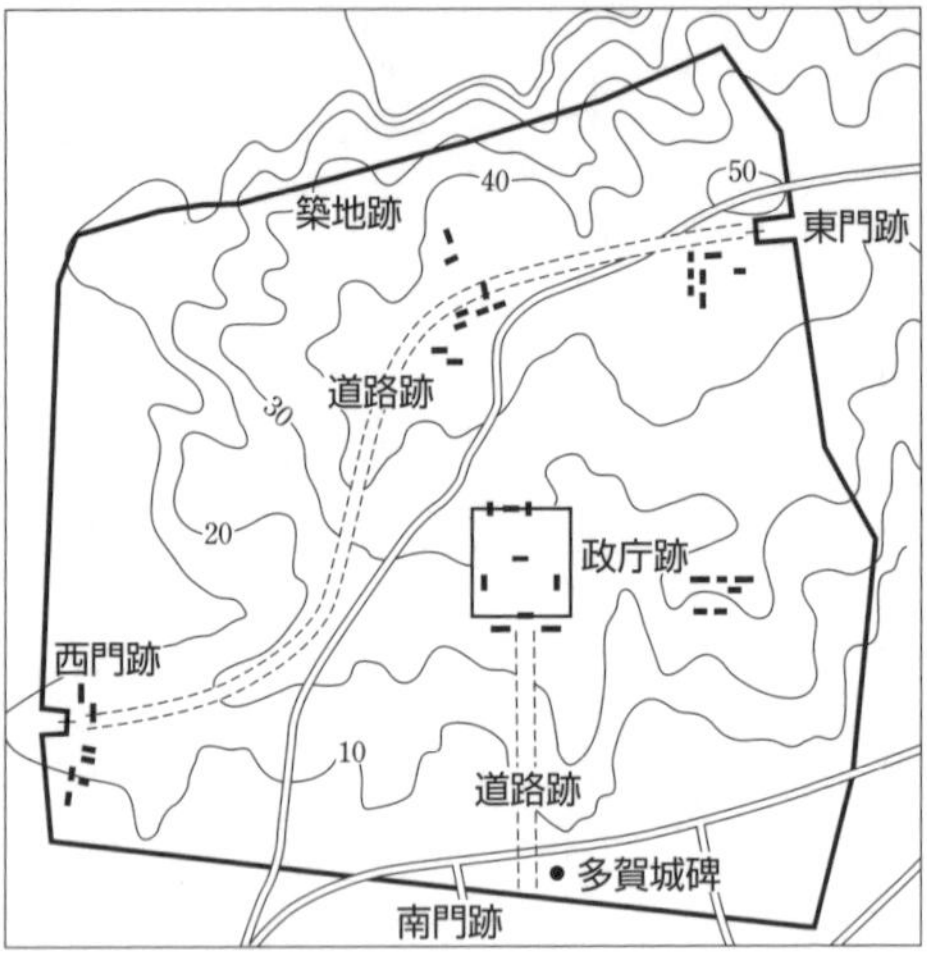


●──多賀城　宮城県多賀城市の丘陵先端部にある古代の城柵で，陸奥国府がおかれ，奈良時代には鎮守府も併置。城域の南辺に立つ「多賀城碑」には神亀元(724)年の創立と記される(朝尾直弘ほか編『角川日本史辞典』挿入図版による)。

●──払田柵跡

と評している(同、元慶三年三月二日条)。エミシが相当の政治的力量を身につけていたことがわかる。ヤマト国家とのあいだに政治的境界線を引こうという提起も、その力量に基づくものだった。ヤマト国家は、もはや人ならぬものの住む境外へと文明を押し広げるといった形で、奥羽《おうう》の「開拓」政策を展開することはできなかった。

もちろん、元慶の乱という戦争状態のなかで、この境界《きょうかい》は安定的なものではなかった。ヤマト側は、はるばる上野《こうずけ》国から到着した兵六〇〇余をもって、秋田河の河口近くの北岸の秋田城を橋頭堡として確保し、河北の三つの村のエミシを帰順させて、敵にくさびを打ち込んだ。これに対抗してエミシは、河の上流の南岸にある雄勝《おかち》城▲を攻撃し、さらに出羽国府《こくふ》▲をおかす勢いをみせた(同、元慶二年七月十日条)。

反乱がエミシ側の敗北に終ると、帰順しないエミシとの政治的境界は北へと移動し、ふたたび明瞭な線ではなくなる。

しかし、エミシ・ヤマト間の政治的境界は、民族境界と必ずしも同一ではなかった。元慶の乱の終息後も、北に移動した政治的境界の南側からエミシが追

▼**雄勝城**　七五八(天平宝字二)年、陸奥の桃生《ものう》城とあわせて出羽に設置された城柵。比定地としては、雄物川中流の仙北平野にある払田柵《ほったのさく》跡(秋田県大仙《だいせん》市・美郷《みさと》町)と、さらに上流の足田《たらだ》遺跡(同県羽後《うご》町)とが有力だが、発足時には後者にあったものが、九世紀初頭に前者に移ったとする説が有力になっている(一二ページ写真参照)。

▼**出羽国府**　九世紀初めに秋田城から山形県酒田《さかた》市の城輪《きのわ》遺跡に移ったとされる。

いだされたわけではなく、八八〇(元慶四)年の出羽国の報告書には、「雄勝・平《ひら》鹿《が》・山本三郡は、国府から遠く離れ、賊地に近接していて、かつて叛逆したエミシの同類が民と雑居している」と記されている。これを受けてヤマト国家は、三郡の民の調庸《ちょうよう》を一年間免除し、三郡の「狄俘《てきふ》」八〇三人に不動穀《ふどうこく》▲六二〇〇石余を給与することで、「民」と「夷《い》」の融和をはかっている(同、元慶四年二月二十五日条)。

時代はくだって十一世紀半ばになっても、そのような状態はなくなっていない。陸奥守《むつのかみ》兼鎮守府《ちんじゅふ》将軍《しょうぐん》▲源《みなもとの》頼義《よりよし》▲は、「俘囚長《ふしゅうちょう》」と呼ばれた安倍《あべ》氏との戦い(前九年《ぜんくねん》の役《えき》)に勝利したあと、つぎのように天皇に上奏《じょうそう》した。戦いの前は「東夷が蜂起して、郡県を押領《おうりょう》して胡地《こち》となし、人民をかりたてて蛮虜となし、数十年のあいだ、六つの郡が国務に従わない」という状態であったが、いまや「夷狄《いてき》の居住地はすでに公地となり、叛逆の輩はみな王民となった」と(『本朝続文粋《ほんちょうぞくもんずい》』第六・源頼義奏状《そうじょう》)。

ヤマト側の軍事的勝利は、「夷狄」が根絶やしにされたことを意味しない。その住地が「公地」になり、彼らが「王民」に繰り込まれたにすぎなかった。政治的

▼**不動穀**　律令制下、国衙《こくが》・郡《ぐん》衙《が》の正倉《しょうそう》に蓄積された租稲《そとう》は、満倉後封印されて、飢饉《ききん》など特別の場合にのみ消費された。この状態になった倉を不動倉、そこに備蓄された租稲を不動穀という。

▼**鎮守府将軍**　鎮守府は七二〇年代、エミシ経略のために多賀城の陸奥国府に併置された軍政府で、初代の将軍は大野東人。八〇二(延暦二十一)年坂上田村麻呂によって胆沢城(岩手県奥州《おうしゅう》市)に移されて国府《こくふ》と分離。平安中期以降は武名高い坂東《ばんどう》諸国の国司《こくし》が将軍をかねたが、多くは遥任《ようにん》で、鎮守府の実権は在地豪族の安倍氏・清原氏に握られていく。

▼**源頼義**　九八八～一〇七五年。一〇三一(長元《ちょうげん》四)年父頼信《よりのぶ》とともに平忠常《たいらのただつね》の乱《らん》を平定して武名をあげ、ついで東国《とうごく》の国守を歴任、一〇五一(永承《えいしょう》六)年に俘囚長安倍頼時が反乱を起こすと、陸奥守に任じられ、二年後には鎮守府将軍と

なり、六二(康平《こうへい》五)年にいたって安倍氏の乱を平定した(前九年の役)。

境界は北へと移動しても、その背後には民族雑居の状態が広範に残り、広い意味での境界的様相を保っていたのである。

## エゾ観念への展開

北方世界の歴史は、列島中央部の政治支配や文化的様相が、時代をくだるごとに北上していく、といった単調なものではなかった。前述の稲作の後退と続縄文文化の拡大にみられたように、北海道に発する動きが東北北部におよぶという、北から南へのゆりもどしもあったことを忘れてはならない。そのような動きは十世紀以後にもみられ、そのなかで、同じ蝦夷という字を用いながら、その読みがエミシからエゾへと変化する。そのことは、列島中央部の人びとの眼に映る北方人の姿や活動の変化を反映しているだろう。

九世紀末に元慶の乱が鎮定されてのち、東北北部が文化的にもヤマト国家の圏内に取り込まれてしまったのかといえば、けっしてそうではなかった。北緯四〇度線あたり、秋田の少し北の八郎潟《はちろうがた》付近から、盛岡の北の八幡平《はちまんたい》・安比高《あっぴ》原あたりを結ぶ線を境目として、その北と南でかなり明瞭な文化差が認められる。

八世紀ころの北海道中央部で、本州からの強い影響を受けつつも、文様などに独自性をもつ土師《はじ》器系の土器《どき》文化が発生する。擦文《さつもん》文化と呼ばれるこの文化の担い手(擦文人)は、のちのアイヌにつながるとする説が有力である。この擦文文化が、十〜十二世紀には右の境界線まで南下してくる。擦文人が津軽海峡を渡って東北北部で土器生産を行っていたことや、「防御性集落」と呼ばれる高地性の環濠《かんごう》集落が津軽海峡の両側で広く営まれていたことが指摘されている。

このように北海道的な様相の色濃い北緯四〇度線以北には、律令制の地方行政区画である郡・郷などが、平安時代末になっても設置されておらず、ヤマト国家の「王地」の外におかれていたと考えられる。これに対して、以南では、太平洋側に「奥六郡《おくろくぐん》」(胆沢《いさわ》・江刺《えさし》・和賀《わが》・稗貫《ひえぬき》・斯波《しわ》・岩手)、日本海側に「山北三《さんぼくさん》郡《ぐん》」(雄勝・平鹿・山本)が設置され、ヤマト国家の「王化」に服するようになった。

しかしその「郡」の実態は、『陸奥話記《むつわき》』▲によればつぎのようなものだった。

六箇郡(奥六郡)の司安倍頼良《よりよし》(のち頼時《よりとき》と改名)という者あり。是《こ》れ同忠良《ただよし》の子也。父祖忠頼《ただより》は東夷の酋長たり。威風大いに振るい、村落皆服す。六郡

▼『陸奥話記』　前九年の役の顚《てん》末《まつ》を漢文体で記した書で、軍記物語の初期作品の一つ。作者未詳、乱後まもないころの成立とみられている。『群書類従《ぐんしょるいじゅう》』合戦部などに所収。

に横行し、人民を劫略し、子孫もっとも滋蔓す。漸く衣川《ころもがわ》の外に出《い》ず。賦貢を輸せず、徭役を勤めることなく、代々驕奢し、誰人も敢えて之《これ》を制する能わず。

「王化」に服する代償として、エミシの「酋長」はむしろ自己の勢力圏に対する支配を強化していたとさえいえそうである。そのような勢力としてこの地域に君臨したのが、奥六郡の郡司《ぐんじ》安倍氏と、山北三郡の「俘囚長」清原《きよはら》氏であった。その代表格である安倍頼時▲を主人公とする説話が、『今昔物語集《こんじゃくものがたりしゅう》』巻三一の一一に「陸奥国安倍頼時行胡国空返語《ごこくにゆきてむなしくかえること》」と題しておさめられている。その冒頭に「今昔、陸奥ノ国ニ安倍ノ頼時ト云フ兵有ケリ。其ノ国ノ奥ニ夷《エゾ》ト云者有テ……」とあるのが、「エゾ」という呼称の初見▲とされる。

この説話によると、「夷」は陸奥国の奥に住む人びとで、「公《おほやけ》(ヤマト国家)ニ随ヒ不奉《たてまつら》ズシテ、戦ヒ可奉《たてまつるべ》シト云テ、陸奥ノ守源ノ頼義ノ朝臣責ムトシケル程ニ、頼時其ノ夷ト同心ノ聞へ有テ」、頼時が「公ノ責《せめ》」すなわち頼義の追討の対象となったという。すなわち安倍氏や清原氏は「俘囚長」ではあってもエゾではなく、頼時はエゾと同心してヤマト国家に背いたゆえに、滅ぼされることに

**▼安倍頼時**　?〜一〇五七年。はじめ頼良といったが、源頼義との同音を避け改名。祖父忠頼、父忠良以来、奥六郡の俘囚長として勢力をふるった。前九年の役が本格化した一〇五七(天喜《てんぎ》五)年、奥地の蝦夷を勧誘に赴く途上、流れ矢にあたって死んだ。反乱は子の貞任・宗任が引き継いだ。

**▼エゾ呼称の初見**　「夷」の字に「エゾ」とルビをふっているのは、『今昔物語集』の一本のみで、他の系統の諸本では「エビス」とふられている。また、『今昔物語集』の成立は、頼時の時代よりもくだって、十二世紀初頭をさかのぼらないと考えられているので、前九年・後三年の役の時代に「エゾ」呼称があった証拠にはならない。

**●—擦文文化とオホーツク文化**　擦文文化は，８世紀に続縄文文化のあとをうけて北海道に発生した土器文化。表面に擦文と呼ばれる整形痕をもつ擦文土器と，壁面にカマドをつくりつけた方形竪穴住居を指標とし，漁労・狩猟を主体としつつ農耕も営んでいた。ほぼ同じ時期，オホーツク海沿岸には海獣狩猟を主体とするオホーツク文化が併存していたが，やがてこれを擦文文化が併呑して，アイヌ文化の源流を形づくった。

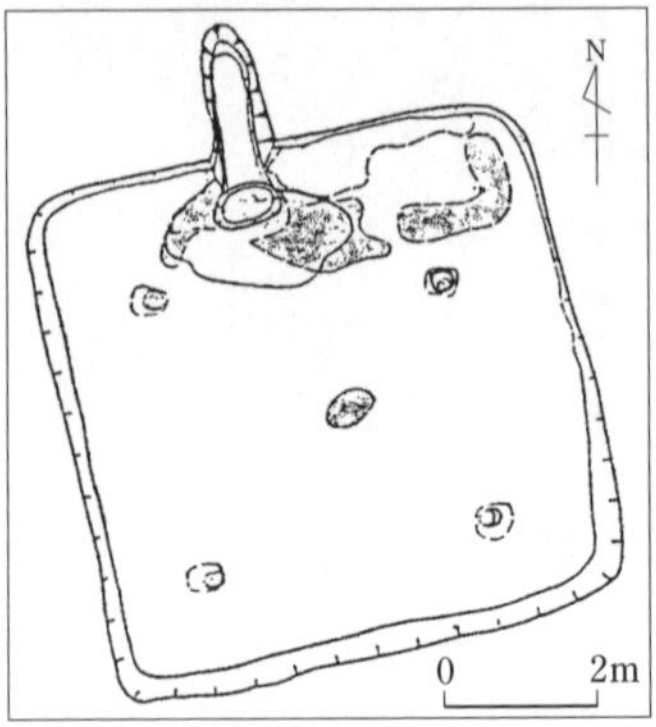


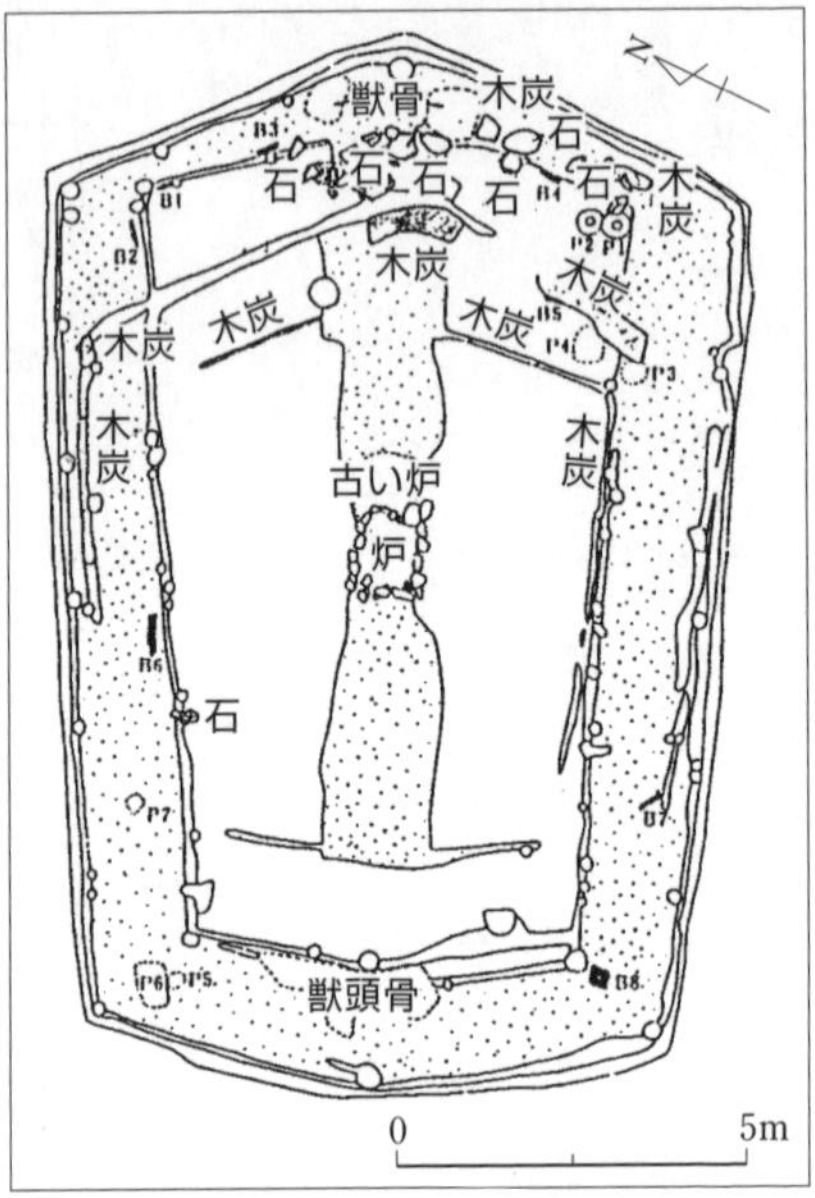


**住居址**　左：擦文文化・札幌市K446遺跡(上野秀一『K446遺跡』による)，右：オホーツク文化・北海道北見市常呂町トコロチャシ１号竪穴(東京大学文学部編『オホーツク海沿岸・知床半島の遺跡』下による)。

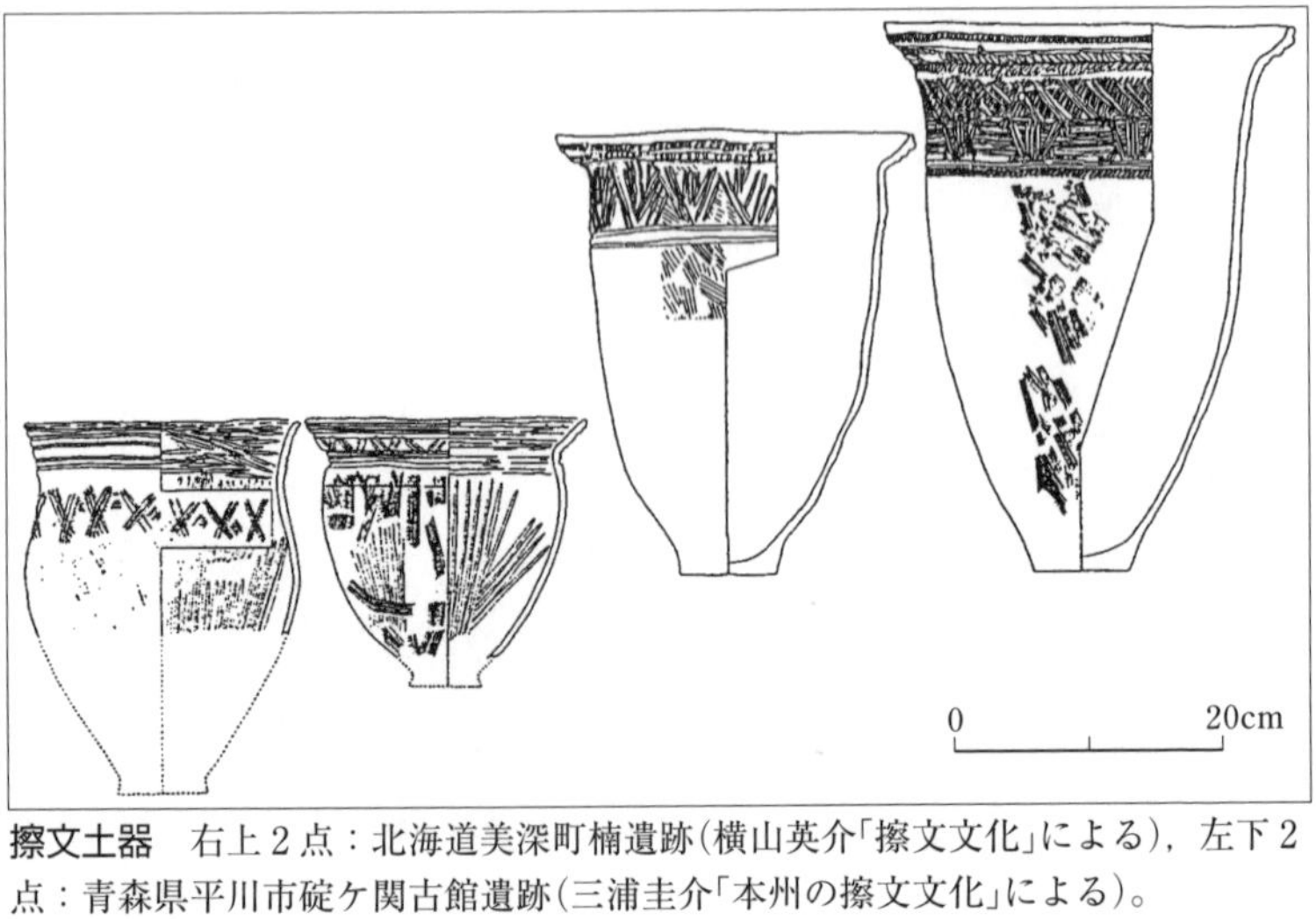


**擦文土器**　右上２点：北海道美深町楠遺跡(横山英介「擦文文化」による)，左下２点：青森県平川市碇ケ関古館遺跡(三浦圭介「本州の擦文文化」による)。

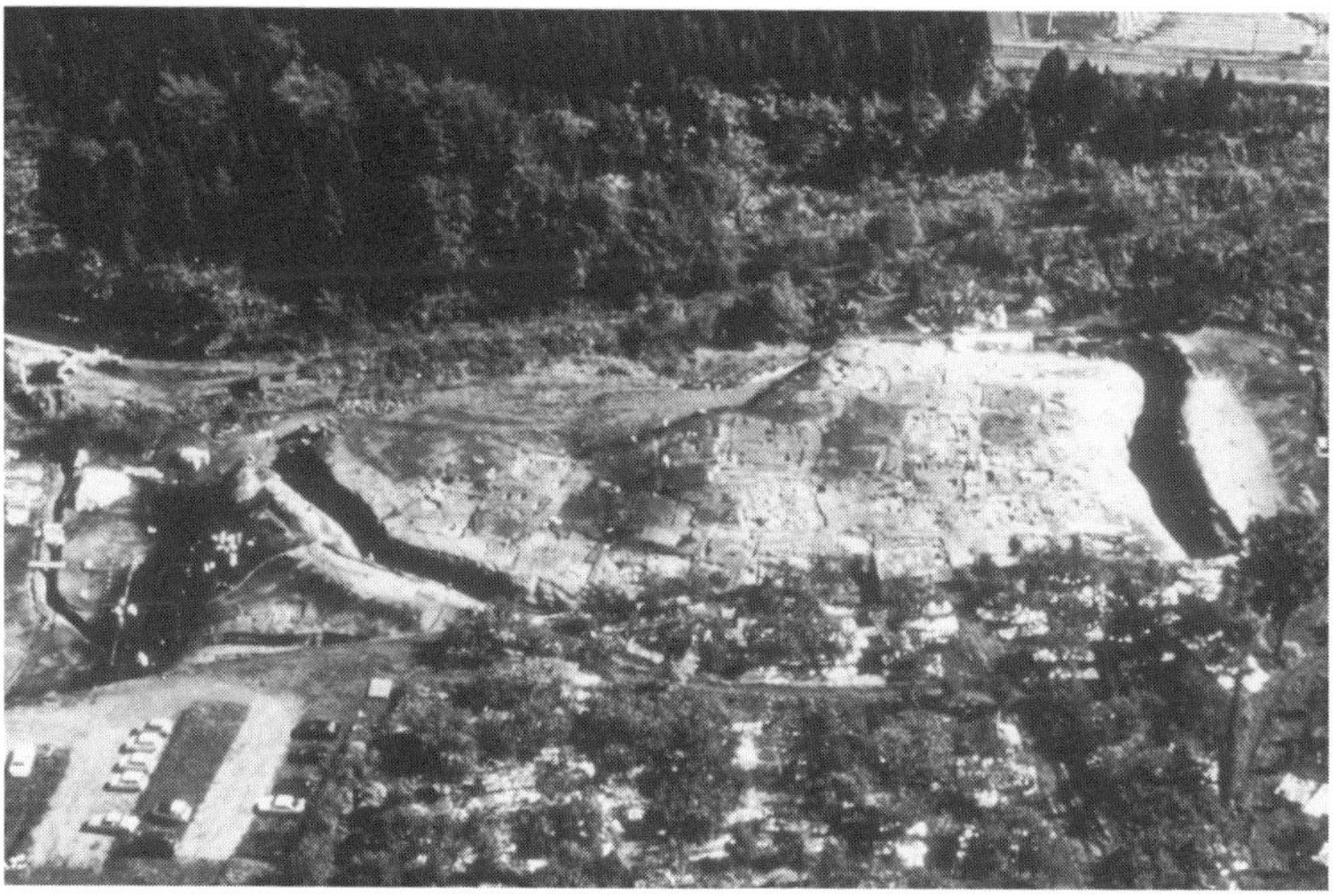

防御性集落（高屋敷館遺跡）

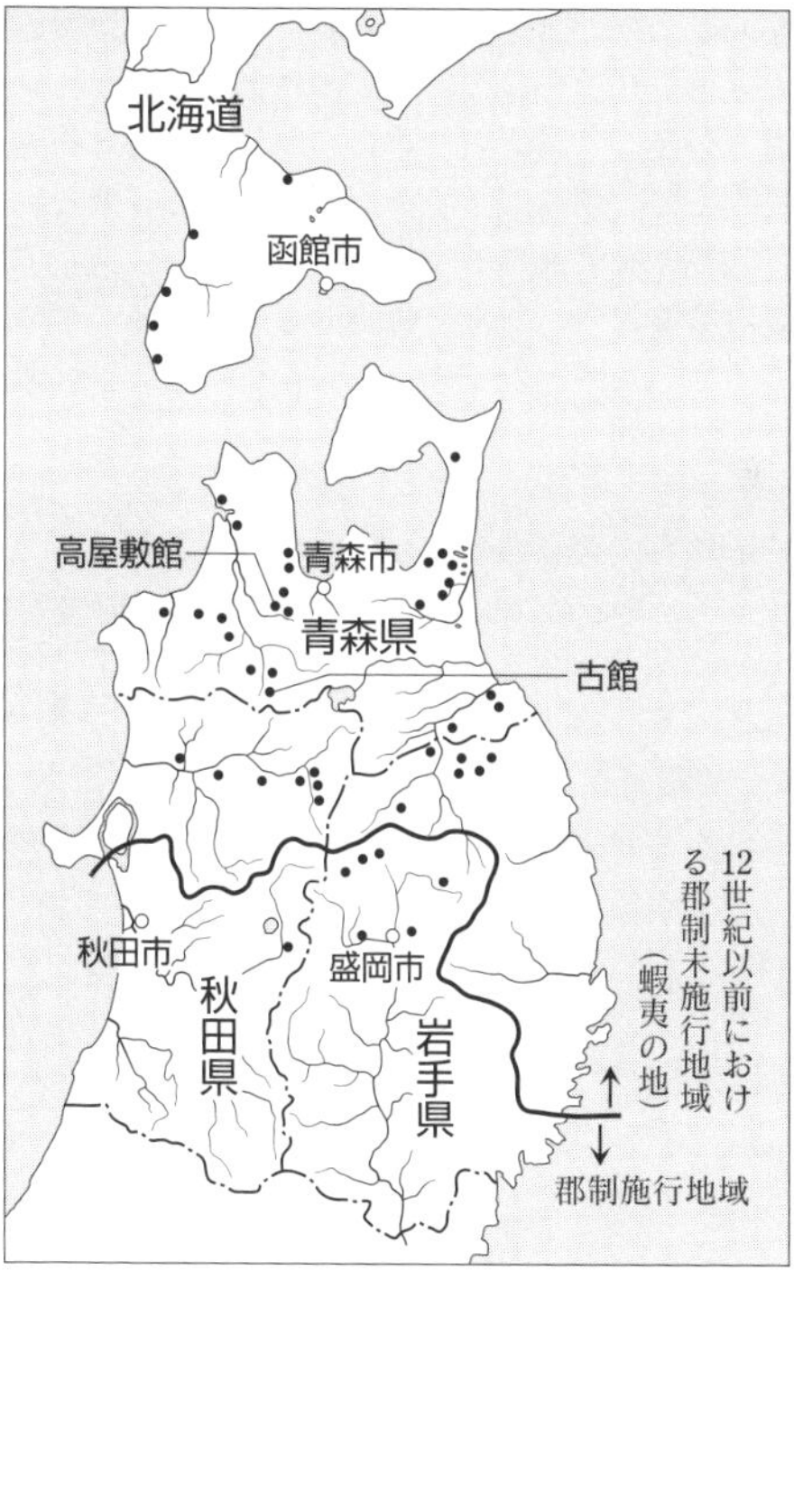


防御性集落の分布（阿部義平『蝦夷と倭人』による〈三浦圭介原図〉）

●——安倍・清原・藤原の系譜

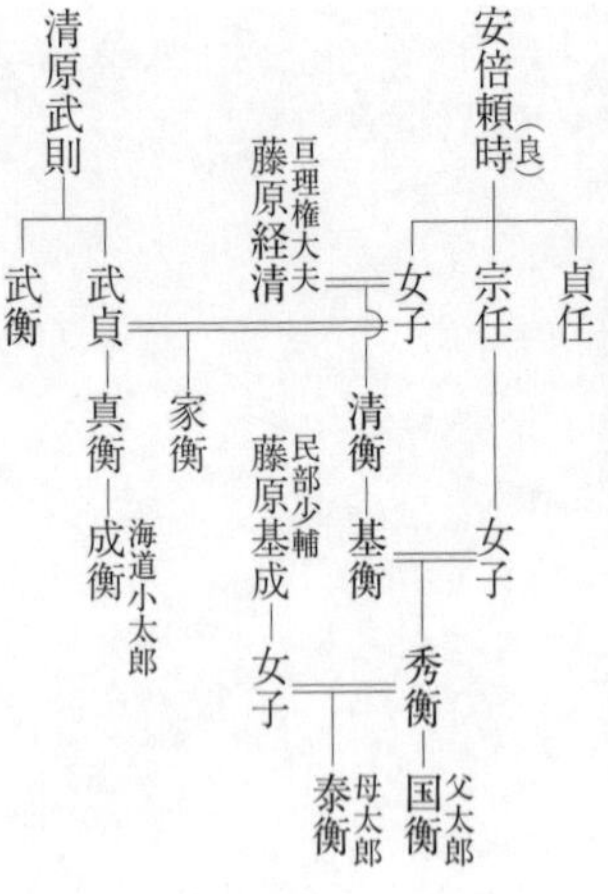


●——前九年・後三年の役

〔**前九年の役**〕奥六郡の俘囚長を世襲する安倍氏は，しだいに陸奥国府・鎮守府から自立し，貢賦をおさめないばかりか，国府に近い六郡以南の地域にまで圧力をおよぼすようになった。1051(永承６)年，安倍頼時は討伐に来た国府軍を撃破した。朝廷は源頼義を陸奥守・鎮守府将軍に起用し，頼時は頼義に服従を誓った。1056(天喜４)年にいたって，頼時の子貞任が頼義から罪に問われて決起した。貞任・宗任の兄弟は，父頼時を戦死させながらもよく戦い，翌年黄海《きのみ》の合戦では頼義をあと一歩のところまで追いつめた。頼義はしばらく逼塞を余儀なくされたが，1062(康平５)年出羽の俘囚長清原氏を味方に引き込み，清原武則《たけのり》率いる１万の援軍をえて，厨川柵《くりやがわのさく》で安倍氏を全滅させた。

〔**後三年の役**〕前九年の役の功労者清原武則は，1063(康平６)年，鎮守府将軍に任じられ，安倍氏の旧領奥六郡をあわせて巨大な勢力となった。武則の子武貞《たけさだ》は，先妻とのあいだに子真衡《さねひら》があったが，安倍頼時の娘を後妻に迎えて連れ子清衡《きよひら》を養子とし，その後さらに実子家衡《いえひら》を儲けた。1083(永保３)年，嫡子真衡に対抗して清衡・家衡が挙兵したが，まもなく真衡は病死。新任の陸奥守源義家(頼義の子)は奥六郡を清衡と家衡に折半してあたえた。２年後，家衡が清衡一族を殺害し，清衡は義家に救援を求めた。戦況は一進一退だったが，1087(寛治元)年にいたって，義家・清衡軍が金沢柵に家衡軍を破り，清原氏の滅亡という形で終息した。ただ一人生き残った清衡は，実父の姓である藤原を名乗り，胆沢郡平泉(岩手県平泉町)に本拠を構えて奥州藤原氏の祖となった。

●――後三年合戦絵巻

なったのである。

エゾの実態を探るうえで参考になるのが、応徳《おうとく》三(一〇八六)年正月二十三日付で前陸奥守源頼俊《よりとし》が白河《しらかわ》天皇に讃岐《さぬき》国守拝任を請うた奏状(「御堂摂政別記紙《みどうせっしょうべっきし》背文書《はいもんじょ》」『平安遺文《へいあんいぶん》』四六五二号)である。ここで頼俊は、「先朝《せんちょう》(後三条《ごさんじょう》天皇)の綸旨《りんじ》に任せて、衣曾別島の荒夷ならびに閉伊《へい》七村の山徒を討ち随う」と述べている。「衣曾」はエゾと訓むにちがいなく、「別島」は北海道のことであろう。頼俊が陸奥守として在任し、「治略を廻らして興複《(ママ)》を期」したのは、一〇六七(治暦《じりゃく》三)年からの数年間であるから、早くみれば一〇六〇年代、遅くとも一〇八〇年代には、北海道に住む「夷」の呼称としてエゾが登場していたことになる。これこそエゾの初見史料というべきである。

『今昔物語集』の頼時説話の主題は、「胡国《ごこく》」への渡航と帰還であった。頼義にせめられて生存もあやうくなった頼時が、大船に一族郎等《ろうとう》を具して、「此ノ奥ノ方《かた》ヨリ海ノ北ニ幽《はるか》ニ被見渡《みわたさる》ル地《ところ》」へ渡ったが、そこには意味不明の言語を話す「胡ノ人《えびす》」しかおらず、むなしく本国へ帰り、いくばくもなく死去した。興味深いのは、こうして話が終ったあとに、「然レバ胡国ト云フ所ハ、唐《とう》ヨリモ遥ノ北ト聞ツルニ、陸奥ノ国ノ奥ニ有夷《えびす》ノ地ニ差合タルニヤ有ラムト、彼ノ頼時ガ子ノ宗任法師《むねとうほうし》トテ筑紫《つくし》ニ有ル者ノ語ケルヲ聞継テ、此ク語リ伝ヘタルトヤ」というコメントが加えられていることである。

　ここには、中国の北にある胡国が陸奥の奥にある夷地と一緒になっている（隣接もしくは近接している）、いいかえれば日本海の周囲が閉じた円環をなしているという地理認識がみられる。この話が筑紫に追放された安倍宗任▲の口からでたとされていることもおもしろい。西北九州の海の武士団松浦党《まつらとう》▲は、この宗任を先祖とするという説があり、他方、列島の反対側の辺境にあって、松浦党とあいにた相貌をもつ安藤《あんどう》氏も、宗任の兄で前九年の役で頼義に討たれた貞任《さだとう》の末裔とされる。ヤマト国家の圧力にさらされながら、境界を生きる場とした人びとは、中央の貴族にはないかくもひろやかな視野を獲得していた。

　前九年・後三年《ごさんねん》の役ののち、北方世界ではもはや大規模な武力紛争は起きなくなる。しかしそれはエゾの敗北・凋落を意味するのではない。俘囚長・鎮守《ちんじゅ》府《ふ》将軍清原武貞《たけさだ》の後継として両戦役を生き延びた藤原清衡《きよひら》は、平泉《ひらいずみ》に本拠を構えて、奥州《おうしゅう》藤原氏の祖となった。藤原氏は、「東夷の遠酋」「俘囚の上頭」を称し、

▼**安倍宗任**　生没年不詳。一〇五七（天喜五）年父頼時の敗死後も抵抗を続けたが、六二（康平五）年、厨川柵《くりやがわのさく》（盛岡市）の合戦で敗北。兄貞任は討死したが、宗任は源頼義・義家《よしいえ》に投降、翌年伊予《いよ》に流され、一〇六七（治暦三）年大宰府《だざいふ》に移された。娘が奥州藤原氏二代の基衡《もとひら》に嫁ぎ、秀衡《ひでひら》を生んでいる。

▼**松浦党**　肥前《ひぜん》国西部の松浦郡に繁衍《はんえん》した同族武士団。本姓は源《げん》氏《じ》で、一字名を標識とする。普通、摂津《せっつ》の渡辺党（嵯峨《さが》源氏）出身の久《ひさし》が一〇六九（延久《えんきゅう》元）年、松浦郡今福《いまふく》（長崎県松浦市）に下向したのが始まりとされるが、十一世紀初頭から肥前国司に源氏で一字名の者がみられる。安倍宗任の子孫とする説は史実とは認めがたい。

「粛慎・挹婁《ゆうろう》の海蛮は陽に向く葵《あおい》に類し」と誇ったように（『中尊寺《ちゅうそんじ》経蔵文書《きょうぞうもんじょ》』天治《てんじ》三〈一一二六〉年三月二十四日藤原清衡供養願文《くようがんもん》）、北方の海洋民との交易で築いた富で、繁栄を謳歌した。

その藤原氏最盛期の十二世紀半ばから、中央の貴族や僧侶のよむ和歌に、エゾを題材とする作品が突然あらわれる。

①浅ましや千島のえぞがつくるなる　とくきのやこそ隙はもるなれ（藤原顕輔《あきすけ》）

②碑《いしぶみ》やつがろの遠《をち》にありと聞く　えぞ世の中を思ひ離れぬ（藤原清輔《きよすけ》）

③わが恋はあしかをねらふえぞ舟の　よりみよらずみなみ間をぞ待（源仲正《なかまさ》）

④みちのくのえぞか千島の鷲の羽に　たへなる法《のり》の文字もありけり（権僧正《ごんのそうじょう》公朝《こうちょう》）

エゾが住むとされた地は津軽と蝦夷千島《ちしま》（北海道）であった。②のように掛《かけ》詞《ことば》として「えぞ」を使った例も多いが、「とくきのや▲」「あしか」「鷲の羽」など、エゾの珍しい産物をよんだ事例は、ある程度現地の具体的な情報があり、場合に

▼**とくきのや**　鳥茎の矢。鳥の羽根の茎に付子《ぶし》の毒を塗った毒矢。昔、陸奥の蝦夷が用いたもので、鎧《よろい》のすき間などをねらって射た（『日本国語大辞典』）。

よっては産物自体を眼にすることもあったことをうかがわせる。その媒介者として、「北方の物産（おもに毛皮）や黄金をもって京都へ赴いた平泉の商人」が想定されている。十二世紀半ばに成立した説話集『中外抄《ちゅうがいしょう》』に、「えぞいはぬ錦」が琵《び》琶《わ》の袋として用いられたとある。近世の山丹《さんたん》交易で、沿海州方面から日本に搬入された蝦夷錦《にしき》（中国製の高級絹織物）の先祖と解してよいかもしれない。

北海道方面の産物を本州方面にもちこむ交易の場も、エミシ時代とは変化した。エミシ・ヤマト間の交易拠点であった秋田城などの城柵が廃絶し、津軽半島や下北《しもきた》半島の港がそれに取ってかわる。それにともなって「渡島《おしま》蝦夷」がヤマトの記録から姿を消すが、交易者としてのエゾは健在であった。ずっとのち、十四世紀前半の『諏訪大明神絵詞《すわだいみょうじんえことば》』▲に、三類のエゾのうち「渡党《わたりとう》」について、「其内ニ宇曾利鶴子洲(別カ)、万堂宇満伊犬ト云小嶋トモアリ、此種類ハ多ク奥州津軽外ノ浜ニ往来交易ス」とある。宇曾利鶴子別《ウソリケシベツ》は函館《はこだて》、万堂宇満伊犬《マタウマイン》は松前《まつまえ》に比定されている。

「日ノモト・唐子ノ二類」が「其地外国ニ連テ、形体夜叉《やしゃ》ノ如ク変化無窮ナリ、人倫、禽獣魚肉等ヲ食トシテ、五穀ノ農耕ヲ知ズ、九訳ヲ重ヌトモ語話ヲ通ジ

▼『諏訪大明神絵詞』　足利尊氏《あしかがたかうじ》に仕えた信濃諏訪社の執行法眼《しゅぎょうほうげん》円忠《えんちゅう》が、一三五六（延文《えんぶん》元）年に制作した諏訪社の縁起絵巻《えんぎえまき》で、詞書《ことばがき》のみが伝わる。鎌倉末期の蝦夷蜂起の鎮圧に向かった宇都宮《うつのみや》軍が、諏訪明神の霊験《れいげん》で勝利をおさめた、という文脈で当時の蝦夷のことにふれている。『続群書類従』神祇部などに所収。

難シ」という異類だったのとは異なって、この「渡党」には、「和国ノ人ニ相類セリ、……言語俚野也ト云トモ大半ハ相通ズ」という境界的な性格が濃厚である。ここに、「境界をまたぐ人びと」の典型をみいだすことができる。

## ②——環日本海の「唐人」——日本と契丹の媒介者

### 日本海をまたぐ「唐人」

一〇六〇(康平《こうへい》三)年からの約六〇年間に、越前《えちぜん》から但馬《たじま》にかけての日本海岸(以下「この地域」と呼ぶ)の港に来着したり居留したりした「唐人《とうじん》」が、史料上に集中的にあらわれる。この地域においては、九九五(長徳《ちょうとく》元)〜一〇〇〇(長保《ちょうほ》二)年に若狭《わかさ》・越前・大宰府《だざいふ》を訪れた「大宋《だいそう》商客朱仁聡《しゅじんそう》」を最後に、約六〇年間「唐人」の姿はみられなかったし、一一二〇(保安《ほうあん》元)年以降になると完全にとだえてしまう。このようなかたよりは史料残存の偶然性のみでは説明できない。そしてこの六〇年間のまんなか辺になる一〇九二(寛治《かんじ》六)年に明るみにでた、宋商、日本の「商人僧」、大宰権帥《だざいのごんのそち》▲三者の合作になる契丹《きったん》▲への渡航・交易は、この時期を特徴づけるにあたって、示唆に富む事件である。

一〇六〇年八月、陣定《じんのさだめ》と呼ばれる朝廷の会議(現代ならば閣議に相当するか)で、「大宋商客林養《りんよう》・俊政《しゅんせい》等」が越前に来着した件が議論され、はじめ食糧をあたえて「廻却《かいきゃく》」する(追い返す)という決定がくだされたが、後日になって、一定期間

▼**大宰権帥**　帥につぐ大宰府の次官であるが、この時代には帥は皇族が時折任じられる影職と化しており、権帥が実質上の長官であった。

▼**契丹**　遼河上流のシラ＝ムレン流域を根拠地としていたモンゴル系遊牧狩猟民。九〇七年(または九一六年)に耶律阿保機《やりつあぼき》が国を建て、九二六年には渤海を滅ぼして、その故地に東丹国を設置。ついで華北の燕《えん》・雲《うん》一六州を五代の後晋に割譲させ、九四七年国号を「遼」と定めた。十一世紀前半に最盛期を迎えたが、一一二五年、宋と連合した女真人《じょしんじん》の王朝金《きん》に滅ぼされた。

▼**成尋**　一〇一一〜八一年。三一歳のとき天台宗寺門派《てんだいしゅうじもん》大雲寺《だいうんじ》別当となり、一〇七二(延久四)年

の滞在を許可する「安置」に方針が変更された。これは前記の朱仁聡の例によるものであった(『百練抄《ひゃくれんしょう》』康平三年八月七日条)。

その一二年後、天台《てんだい》僧成尋《じょうじん》▲は、肥前《ひぜん》から宋商の船に乗って東シナ海を横断したが、ある日同乗していた「唐人」の林皐《りんこう》が、鉛を結びつけた縄を水中に沈め、深さと海底が泥土であることを確認して、「唐の海にはいりました」と告げた。成尋は旅日記にそう記したあと、「林皐は但馬の唐人林養の子なり」とつけ加えている(『参天台五台山記《さんてんだいごだいさんき》』延久《えんきゅう》四〈一〇七二〉年三月二十二日条)。この林養▲は一〇六〇年に越前に来着した「大宋商客林養」と同一人にちがいない。

この時期、越前(敦賀《つるが》▲)と若狭で「唐人」の姿がしばしば見られたことはよく知られているが、但馬にも「唐人」が根拠地をおく港があったのである。

さらに、一一一九(元永《げんえい》二)年ころと推定されるつぎの手紙にあらわれる「唐人」もよく知られている(「東寺本唐大和上東征伝裏文書《とうじぼんとうだいわじょうとうせいでん》」『平安遺文《へいあんいぶん》』四六七三号)。

今月廿一日御札、同日申時《さるのとき》到来、仰せの旨、謹んで以て承り候い了《おわ》んぬ。抑も尋ね□〔仰〕せ遣わさるる所の白臈《はくろう》は、敦賀の唐人の許に尋ね遣わして、これより案内《あない》を申せしむべく候なり。今相待ち□〔御カ〕坐して、京の御返事は申せ

宋商の船に乗って入宋、天台山・汴京《べんけい》・五台山などを歴訪し・翌年には祈雨《きう》の功あって皇帝から善慧《ぜんえ》大師《だいし》の号をあたえられた。同年、皇帝からの賜与品や宋で入手した新訳経などを弟子に託して日本へ送ったが、みずからは残留し、一〇八一年汴京で没した。九州出発から弟子の帰国までを記した旅行記『参天台五台山記』で知られる。

▼**林養**　一一一一(天永《てんえい》二)年に若狭に来着して廻却された「宋人林俊」もあるいは同族か(『中右記』天永二年十一月十九日条)。

▼**敦賀**　古代から近代にいたるまで、日本海岸を代表する港の一つとして繁栄。海洋神の気比社《けひしゃ》が鎮座し、渤海使《ぼっかいし》を迎接する松原《まつばら》客《きゃく》館《かん》も設置された。敦賀から峠越えで琵琶湖《びわこ》にで、坂本《さかもと》・大津《おおつ》をへて京都にいたるルートは、中世まで物流の幹線であった。敦賀とならぶ水─陸の結節点として、若狭の小浜《おばま》がある。

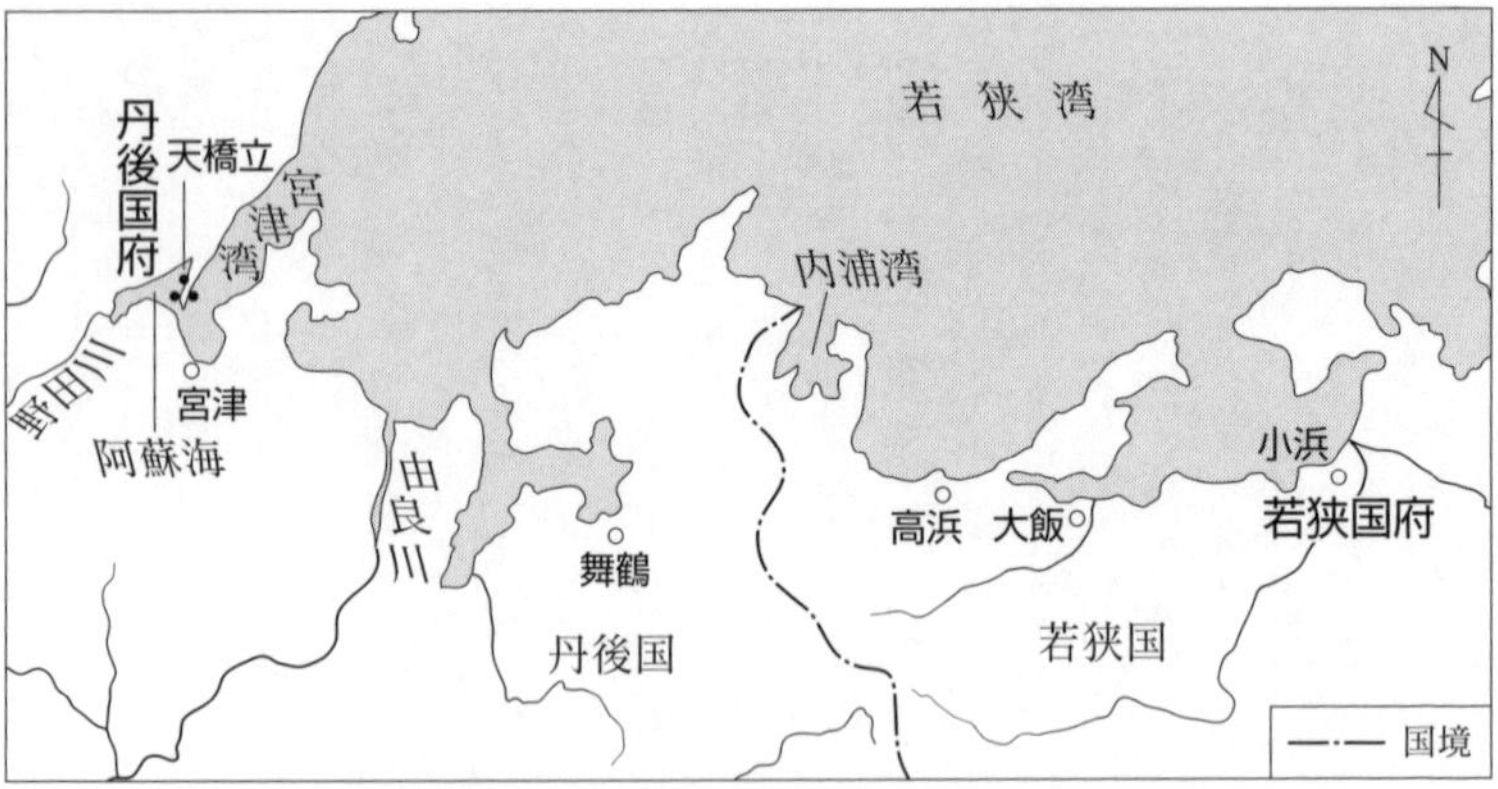


●—内浦と若狭・丹後国府

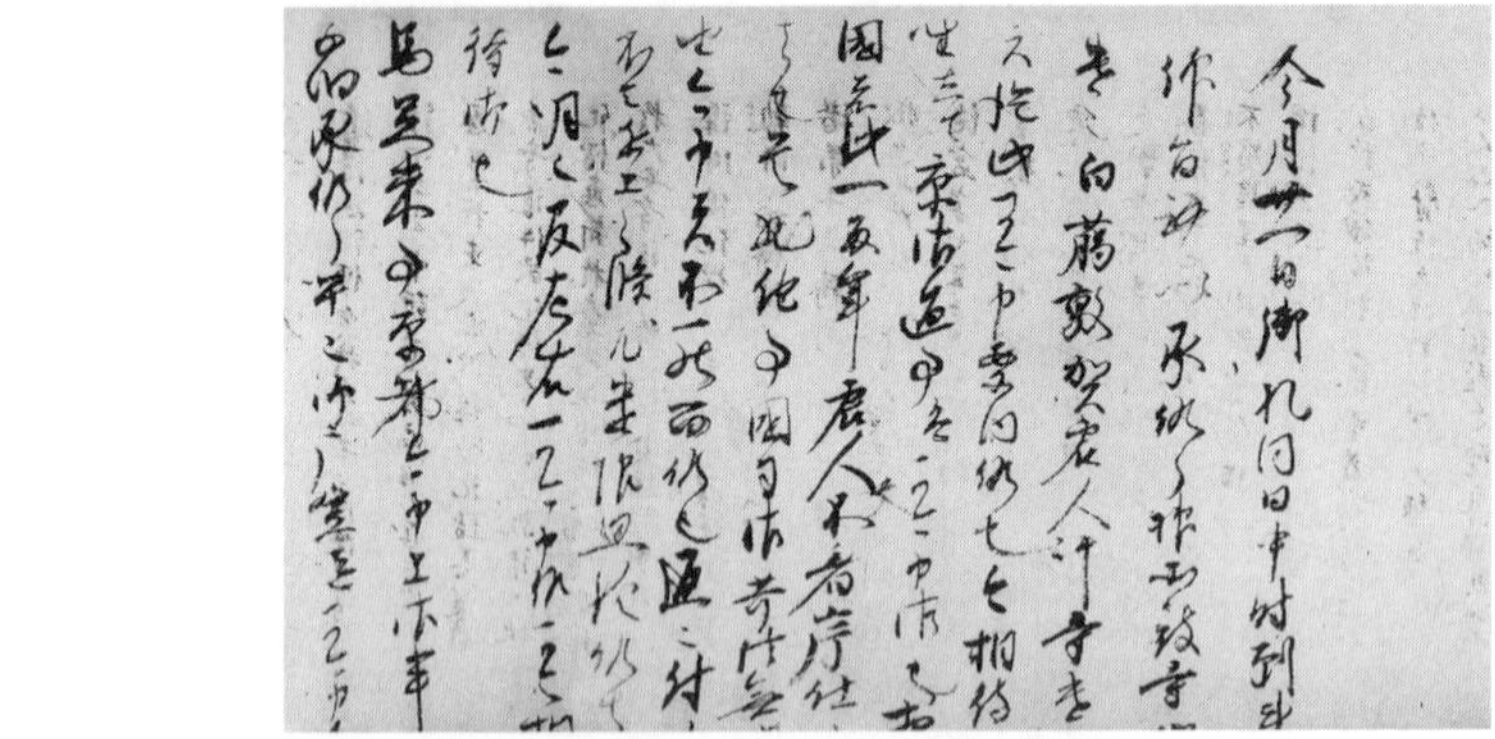

●—**唐大和上東征伝裏文書**　『唐大和上東征伝』は淡海三船《おうみのみふね》が779(宝亀10)年に著わした唐僧鑑真《がんじん》(688〜763年)の伝記。鑑真はたいへんな苦難の末，日本渡航を果たして戒律を伝え，唐招提寺《とうしょうだいじ》を開いた。本文でふれたのは，東寺観智院《とうじかんちいん》に蔵される1120年代の古写本。

しめ御《たも》うべきなり。国に於ては、此《こ》の一両年唐人更に著岸仕らず□〔候〕者なり。
これ他事にあらず、国司御苛法期《かほうご》なき由申せしむれば、罷り留めず候なり。
返すがえす□〔使〕に付して進上せしめざるの条、尤も遺恨に思《おぼ》し給い候えば、
今明の間、左右《とこう》申せしむべく候。相待たしめ御うべきなり。

この手紙を含む紙背《しはい》文書群について、五味文彦・保立道久は、丹後国府《たんごのこくふ》にいた国司《こくし》の代理人「目代《もくだい》」に宛てられた書状類が、丹後守藤原《ふじわらの》顕頼《あきより》の父顕隆《あきたか》（白河《しらかわ》院《いん》の近臣《きんしん》として名高く、当時蔵人頭《くろうどのとう》▲兼御厨子所別当《みずしどころべっとう》▲であった）の手にはいったもので、その年代は一一一九年かその翌年に限定されることを明らかにしている。

この研究成果を踏まえれば、右の手紙は、敦賀や某「国」の「唐人」と取引関係のあった商人が、その「国」のおそらくは国府近辺から、丹後国府にいた目代に宛てて発したものと考えられる。

さて通説では某「国」を若狭と解する。その根拠は二つある。第一は、「『国司御苛法無期由』などといわれているのであるから、この『国』が、この書状の宛先に関係する丹後でない」（保立）ことが明らかな点。第二は、この手紙より少しあとに書かれた差出人・受取人とも同一のもう一通（「同文書」『平安遺文』四六

▼**蔵人頭**　天皇の秘書局である蔵人所の上首《じょうしゅ》で、定員二人。

▼**御厨子所別当**　天皇の膳部《ぜんぶ》・酒肴を供進する令外《りょうげ》の官衙《かんが》御厨子所の長官。

七四号。これを「書状B」とし、さきに引用したものを「書状A」とする）の最後に、「内《うち》浦《うら》所課の塩は、□〔仰カ〕の如く京都御用候べからざる事は、早々前の如く（後欠）」とある「内浦」を、若狭西端の丹後境にある大飯《おおい》郡内浦（福井県高浜町）に比定する点である。

不可解なのは、若狭で生産される塩を、隣国とはいえ、丹後目代が京都に送るべき所課として、なぜ獲得できたかである。通説はこの疑問を突きつめることなく、逆に、国境にいる海人を隣国の国司が個別に掌握するという「興味深い法慣習を読みとる」方向へとそれていく。

しかし、第一の点は、なぜこれだけの根拠で問題の「国」が丹後でないと断定できるのか、私には理解できなかった。書状Aの「これ他事にあらず、国司御苛法期なき」という口調は、丹後目代に向けて、彼の主人である丹後国司の苛法に批判的に言及したもの、と読むほうがしっくりくるように思う。第二の点に関しても、「内浦」は普通名詞に近いありふれた地名だから、若狭の「内浦」と決めてかかるのは危険である。丹後の宮津《みやづ》湾のうち、天橋立《あまのはしだて》の東側を「外海」、西側の阿蘇海《あそかい》を「内海」と称する（『京都府の地名』）。阿蘇海の北岸には丹後国府があり、その意味からも「内浦」の名はふさわしい。

なにより決定的なのは、書状Aが、発信当日の「申時」、すなわち夕刻四時ころ受取人のところに到来していることである。差出人が若狭(のおそらく国府《こくふ》近辺)にいたとしたら、当時の交通事情から考えて、いくら隣国とはいえ、そんなに速く丹後国府にいる目代のもとに届くはずがない。以上より、差出人は丹後の国府近辺にいた商人と判定される。

以上の推論が正しければ、十二世紀初め、丹後にも「唐人」がきていたことになる。越前・若狭・丹後・但馬と、「唐人」来着地は日本海にそって面的に広がっていた。これこそ当該時期を特徴づける第一の要素である。

## 港町で働く「唐人」

彼ら「唐人」たちは、日本側の人びととさまざまに接触していた。まず、書状A・Bにみえるところでは、港町の日本商人に「白鑞」を売っていた。「白鑞」とは金属の錫《すず》のことで、書状Bでは、敦賀の「唐人」からようやく三〇筋(斤)の白鑞をえた日本商人が、「乏少に候えば、重ねて又別の唐人に尋ね遣わし候の処、候わずの由申し送る所なり。仍て候ままにこれを進上す」と、丹後目代に弁明している。

日本人とのあいだで贈答をしていた「唐人」もいる。一〇九一(寛治五)年七月、藤原為房《ためふさ》▲は、加賀守《かがのかみ》に任じられて赴任の途上、敦賀の宿舎で休息したとき、「渡来宋人陳苛《ちんか》」から「籍《せき》▲」を贈られ、お返しに「資粮《しろう》▲」を贈っている(『為房卿記《ためふさきょうき》』寛治五年七月二十一日条)。さらに閏七月には、敦賀に「宋人尭忠《ぎょうちゅう》」があらたに来着したことを聞いて、加賀から「方物《ほうぶつ》」(土産品)を送った(同、閏七月二日条)。

また、石山寺《いしやまでら》に伝わるある仏教書の奥書《おくがき》には、一一〇〇(康和二)年の秋、ある僧が白山《はくさん》参詣の途上、敦賀津で「唐人黄昭《こうしょう》」を雇って書写させた旨が記されている(『金剛頂瑜伽経十八会指帰《こんごうちょうゆがきょうじゅうはちえしいき》』奥書)。日本に居留する中国人が、達筆を買われて仏書の書写に携わったことは、鎌倉《かまくら》時代の武蔵《むさし》国金沢称名寺《かねさわしょうみょうじ》にも例がある。

この地域の港町における「唐人」たちの活発な活動は、その港町を管轄する国司とのあいだでトラブルを発生させることにもなった。書状Aは、丹後国司の苛法のせいで、この二、三年丹後には「唐人」が着岸しなくなった、となげいて

**▼藤原為房**　一〇四九～一一一五年。実務官僚の家柄である勧修寺《かんじゅじ》流藤原氏の出身で、受領《ずりょう》を歴任する一方で蔵人・弁官《べんかん》・院別当として活躍。日記『為房卿記』は院政《いんせい》初期の政務を知る好史料。

**▼籍と資粮**　籍は書物(漢籍であろう)、資粮は資金と食糧。

いた。ほぼ同時期の一一一〇（天永元《てんえい》）年には、「若狭国唐人楊誦《ようじゅ》」が、京都に解《げ》状《じょう》（嘆願書）を送って「越前国司の雑怠《ぞうたい》」を訴え、「もし裁定してもらえなかったら、近く京都へ参じて、鴨河原《かものかわら》の犬に私の骸骨をしゃぶらせたい」と不気味な言葉を吐いている（『永昌記《えいしょうき》』天永元年六月十一日条）。越前国司とトラブルを起こしているからには、楊誦はこのとき敦賀に入港していたと思われる。すると、彼の名に冠された「若狭国」の意味は、単なる来着ではなく、そうとう長期におよぶ若狭への居留と考えられる。

では彼らはどこからこの地域にきたのだろうか。中国から直接なら西方からくるはずだが、『今昔物語集《こんじゃくものがたりしゅう》』巻二六の九の説話はその予想を裏切る内容をもつ。能登《のと》半島の北方に、半島からも見える「猫ノ嶋」という島があり、その島人は、年に一度加賀の熊田宮《くまだぐう》の祭礼にやってくる習わしだった。加賀の人がこれを知って、ひとめ見ようと待ちかまえていたが、ついに彼らの姿をみつけることができなかった。近年くる「唐人」たちは、このような不思議な猫ノ嶋に寄って、食糧を購入し、鮑《あわび》や魚をとって、その後敦賀に入港するのだという。この「唐人」たちは、敦賀の北東方向でそうとう距離のある能登北方の島を経由してきたのだから、中国からの直航とは考えにくい。むしろ日本海の対岸からと考えたほうがよいのではないか。

## 契丹への道

このように考えを進めてくると、つぎの事件が重要な示唆をあたえてくれる。まず事件の経緯を、田島公編『日本、中国・朝鮮対外交流史年表』から抜書きして示す(三六ページ参照)。

九一六年、契丹人が独自の王朝を建て(のち「遼《りょう》」と名づく)、九二六年には渤《ぼっ》海《かい》を滅ぼし、さらに中国の北辺を奪った。①は、遼を「日本国」の使者が訪れた唯一の例である。④は日付が①に近いことからみて、同じ史実を重複して掲げたものだろう。日本側では、①の翌年、「唐人」隆琚《りゅうこん》が遼をへて来日し、銀宝貨をもたらしたという報告が、大宰府から中央に届いている(②)。これは「商客として初めて契丹国の路を通」じたもので(『中右記《ちゅうゆうき》』寛治六〈一〇九二〉年六月二十七日条)、隆琚の船に同乗していた「商人僧」明範《みょうはん》をどう処断するかが、朝廷で大きな議論となった(②③⑤⑦)。この明範は①にみえる僧応範《おうはん》と同一人と考え

▼**渡海の禁**　平安中期に、おもに官吏を対象として、海外渡航を禁じる法規制が布かれていたことが、いくつかの史料からうかがわれる。その法源を現在は失われた律の条文に求める説と、延喜《えんぎ》年間(九〇一～九二三)に発布された法令に求める説とがある。

▼**中御門宗忠**　一〇六二～一一四一年。極官は従一位右大臣《じゅいちいうだいじん》。典礼故実に精通し、白河《しらかわ》院・堀河《ほりかわ》天皇・関白《かんぱく》藤原忠実《ただざね》らの指南役として活躍した。その日記『中右記』は院政期の貴族社会を知る最重要史料。

られている。

無断で外国へ渡航すること自体、「渡海の禁▲」を破る犯罪行為であるが、それに加えて明範は、兵器を契丹で売って金銀を獲得していたらしい③。兵器の国外持出しは国禁にふれる重大な罪であった。中御門宗忠《なかみかどむねただ》▲は、「契丹はもと是れ胡国《ここく》なり。武勇の聞えあり。僧明範の多く兵具を以て金銀に売却するの条、已《すで》に此《こ》の令に乖《そむ》くか」と日記に書いている（『中右記』同年九月十三日条）。

さらに明範を取り調べる過程で、事件のとんでもない裏が明るみにでた。彼は拷問にたえきれず、渡航が大宰権帥藤原伊房《これふさ》▲の使者としてだったことを白状したのである⑥。ここから、処罰の対象者に伊房が加えられることになった⑧。明範の素性▲は明らかでないが、「商人僧」という表現から、貿易商人の性格をもっていたことがうかがわれる。その明範と、宋商隆琨と、大宰府長官伊房の三者が共謀して、それ以前はまったく通交のなかった遼に外交使節を送り込み、貿易を行ったのである。朝廷に大きな衝撃が走ったであろうことは、想像にかたくない。

隆琨の船は、博多から対馬《つしま》をへて遼にいたったらしい。一〇九三（寛治七）年

**▼藤原伊房**　一〇三二〜九六年。摂政《せっしょう》藤原伊尹《これただ》の後裔。三蹟《さんせき》の一人藤原行成《ゆきなり》の孫で、代々能書の家柄。一〇八〇（承暦《じょうりゃく》四）年五一歳で中納言《ちゅうなごん》に昇進、八八（寛治二）年大宰権帥をかねたが、九二年契丹通交の件で召還され、九四年その科で正二位から従二位に降等となり、中納言を罷免された。

**▼明範の素性**　最近上川通夫は、真言宗《しんごんしゅう》小野《おの》流の祖範俊《はんしゅん》が一〇八〇（承暦四）年に始行し、白河院に祗候《しこう》する契機となった如法愛染王法《にょほうあいぜんおうほう》に、明範という僧が行事としてかかわっていたことを指摘し、これを一〇年あまりのちに渡遼した明範と同一人と推定、白河院—範俊—明範という人脈で契丹の密教の導入が試みられた、とする興味深い仮説を提示した。

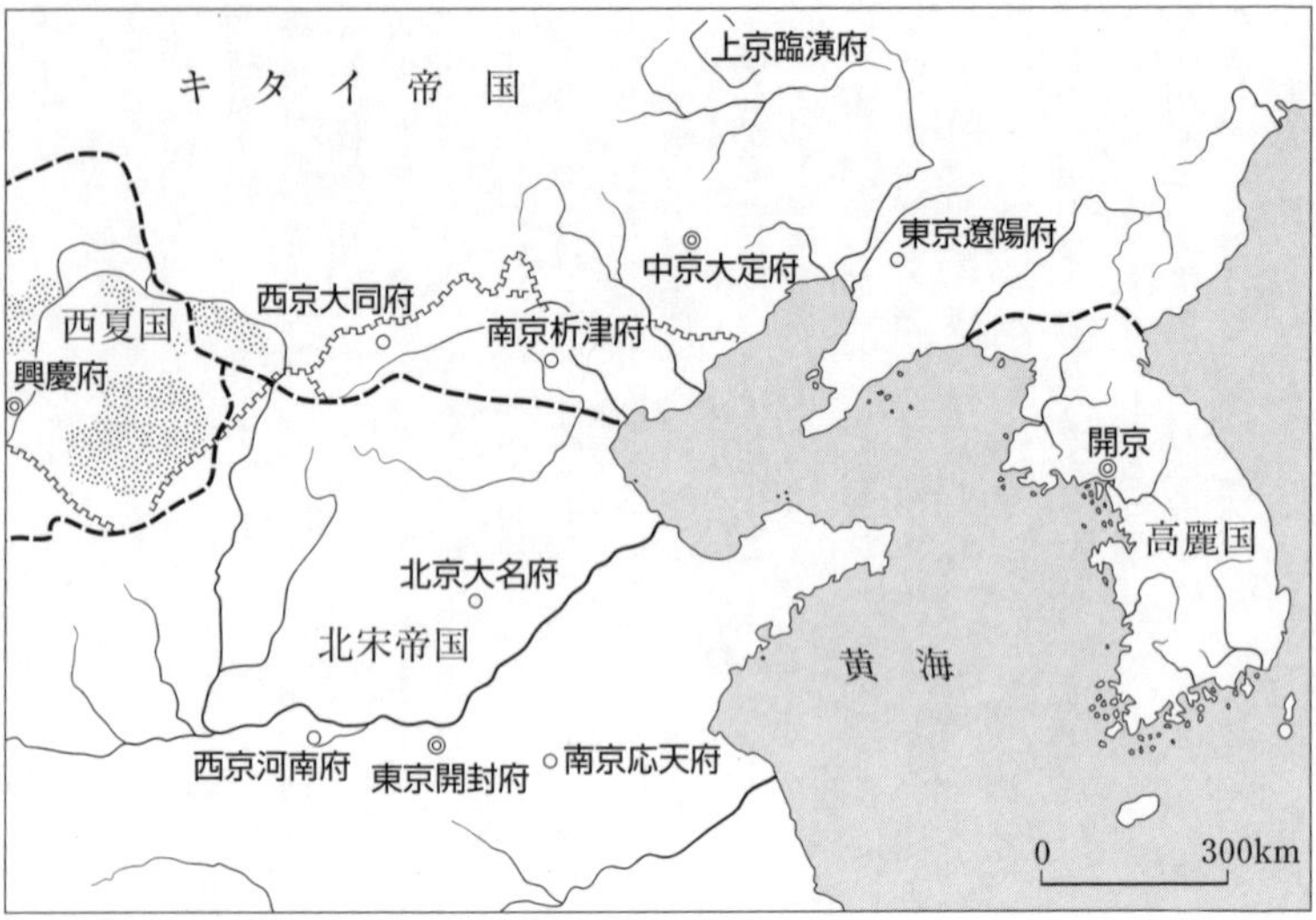


●──契丹とその周辺(向井佑介原図)

●──契丹渡航事件年表

| | |
|---|---|
| ①1091. 9.14 | 日本国，遼に鄭元・鄭心・僧応範〔明範カ〕ら28人を遣わして来貢する(『遼史』巻25・巻70)。 |
| ②1092. 6.27 | 大宰府，「唐人」隆琨が「契丹国」(遼)経由で来朝し，銀宝貨をもたらしたことを告げる。陣定でその処遇や日本の「商客」が「契丹」に渡航することについて定め申す(『中右記』『百練抄』『後二条師通記』)。 |
| ③　9.13 | 検非違使ら，左衛門府で「契丹国」(遼)から帰国した「商人僧」明範を勘問する。明範は兵具を金銀と「売却」したという(『中右記』)。 |
| ④　9.27 | 日本国，使を遣わして遼に来貢する(『遼史』巻25・巻70)。 |
| ⑤　10.23 | 「契丹」より帰国の僧明範について定め申す(『後二条師通記』)。 |
| ⑥1093. 2.19 | これより以前，「商人僧」明範，拷問により，大宰権帥藤原伊房の使となり「契丹国」(遼)に渡ったことを自白する。この日，明範のことについて定め申す(『中右記』『百練抄』『後二条師通記』。『同』3.12条も参照)。 |
| ⑦　10.14〜15 | 「契丹」に渡海した僧(明範)について定め申す(『後二条師通記』『中右記』)。 |
| ⑧1094. 3.6 | 前大宰権帥藤原伊房が僧明範を「契丹国」(遼)に派遣し，貨物を交易した罪科について定め申す(『百練抄』『中右記』。なお，『中右記』永長元.9.22条裏書の藤原伊房の薨伝も参照)。 |

田島公編『日本，中国・朝鮮対外交流史年表』より抜粋。

▼対馬守敦輔　敦輔は高藤《たかふじ》流藤原氏で受領をだす家柄。『中右記』寛治七(一〇九三)年十月十五日条に「彼の契丹の事、対馬守敦輔等を問わるべし者《てえり》。件の敦輔召しに依り近日上洛なり」とある。敦輔は渡遼計画自体に関与していた可能性もある。

十月の朝廷会議で「彼の契丹の事」につき対馬守敦輔《あつすけ》▲の尋問が決定された(『中右記』同年十月十五日条)のは、対馬からの出航の状況を把握するためであろう。

隆琨らは、このときは遼からまっすぐ博多へ帰航したらしいが、遼の東辺の海岸は日本海の対岸だから、遼から帰航する宋船が越前などの港へはいる可能性は大いにある。さきにみた『今昔物語集』の説話はそれを反映しているのではないか。さらに憶測をたくましくすれば、一〇六〇(康平《こうへい》三)年からの六〇年間に越前〜但馬に来着した「唐人」には、遼の人もまじっていたのではないか。

また、書状A・Bにみえる「唐人」たちのもたらした「白臈」すなわち錫は、どこの産物だろうか。小嶋芳孝によると、七世紀、ロシア沿海地方の靺鞨《まっかつ》人は、高句麗《こうくり》に対抗して唐へ朝貢《ちょうこう》したり、海を渡ってエミシと交易するなど、活発な交流を展開していた。『日本書紀《にほんしょき》』斉明紀《さいめいき》に「粛慎《みしはせ》」の名で記されるのが彼らである(九ページ参照)。北海道の小樽《おたる》から千歳《ちとせ》平地の周辺、東北では八戸《はちのへ》から北上《きたかみ》川《がわ》流域で多く出土する錫製の装身具は、彼らがもたらしたものと考えられる。その錫の産地として有力なのが、ロシア沿海地方のシホテ・アリン山脈の日本海に面する山々にある鉱山だという。

十二世紀初めに「唐人」がもたらした錫も、当時は遼に属していたロシア沿海地方の産物ではあるまいか。この地域の錫鉱山は現在も操業しているというから、年代は七世紀から隔たってはいるが、遼代にも錫生産が行われていたと考えてよいだろう。

このように「環日本海の唐人たち」を遼に結びつけて考えると、一一二〇(保安元)年ころ以後、この地域からパタリと「唐人」の姿が消えることに、説明がつけられそうだ。遼が女真族の金によって滅ぼされたのは一一二五年である。その間の動乱によって、「唐人」の遼渡航はとだえただろう。必然的に、遼を経由して「唐人」がこの地域にあらわれることもなくなった。彼らが宋から直航してこの地域にきていたのなら、遼の滅亡はさしたる影響をあたえないはずだ。実際北部九州では、一一二五(天治《てんじ》二)年以降も宋商の来着が続いており、それどころか博多における宋人の活動のピークは十二世紀にある。それと比べて日本海沿岸諸国の状況は、きわめて対照的であった。

## ③——多民族空間と境界人——博多と対馬

### 住蕃貿易と「唐房」

住蕃《じゅうばん》貿易とは、「華僑《かきょう》」の源流の一つをなすもので、中国人商人が国外の港町に本拠地を確保し、一定期間滞在して貿易活動を行う形態をいう。博多はその日本最大の基地であった。そのようすを、考古遺物から二つの例をあげて紹介しよう。

第一は、墨書《ぼくしょ》をともなう出土中国陶磁《とうじ》である。博多出土陶磁の大きな特徴の一つは、文字をともなうものが多いことで、何百という例が検出されている。ただし、出土総数はその何桁も上だから、パーセンテージにすると小さくなるが、絶対量としては他を圧するものがある。大抵は高台《こうだい》▲のなかに記される文字は、二字のことが多く、上には「丁《てい》」「張《ちょう》」「黄《こう》」といった字があり、下の字は「綱《こう》」である。つまり「丁綱」「張綱」などとなるが、これが何を意味するのかについては、議論があった。上の字を博多で活動する宋《そう》商人の姓と解する点では一致しているが、問題は「綱」である。以前、これを「綱首」の略とする説があった。「綱

▼高台　陶磁器の底につけられた脚部。中は裏返さないと見えないので、銘などを書く場所に用いられる。

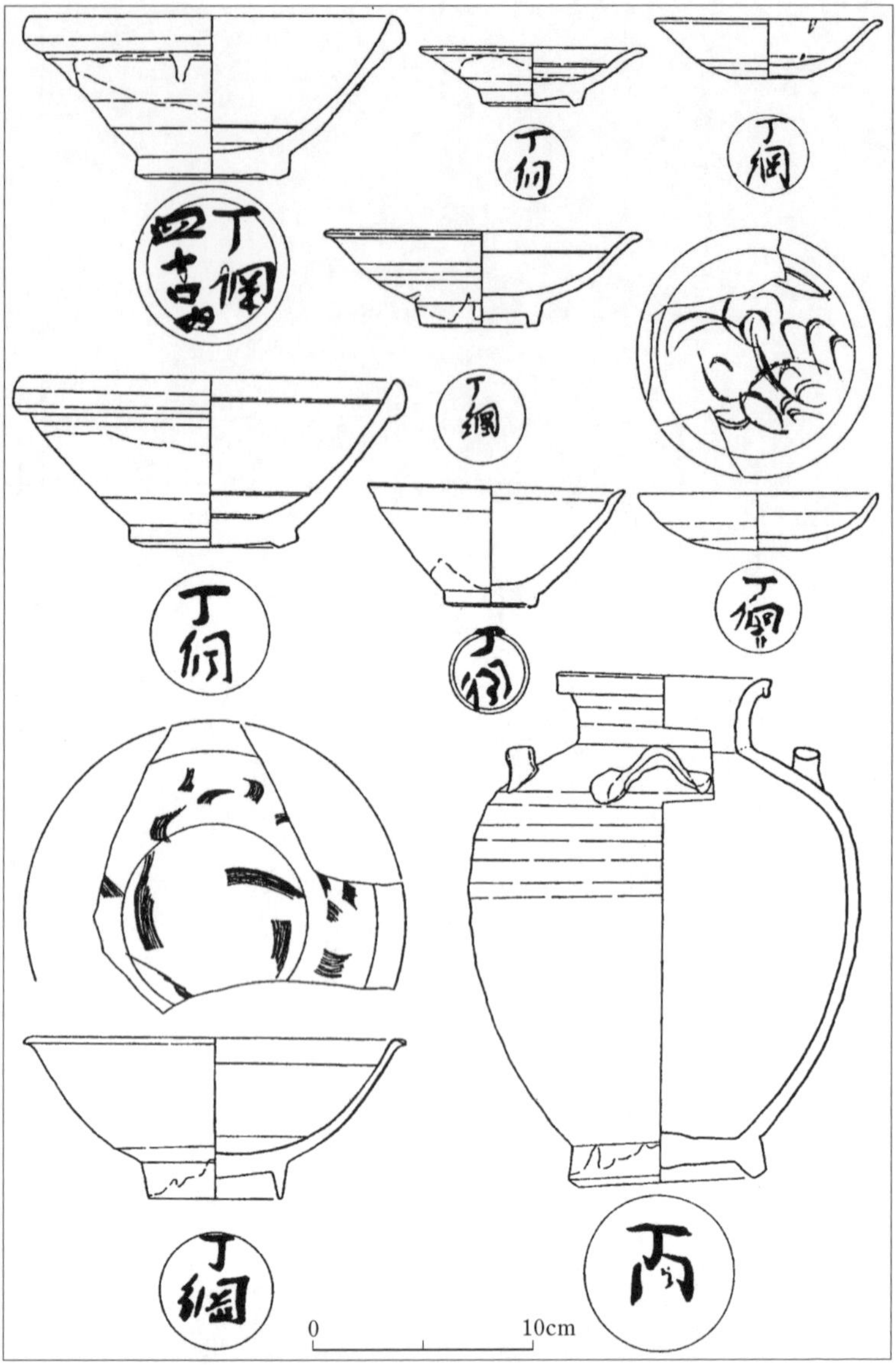

●──博多出土の墨書陶磁器(福岡市教育委員会編『博多２』による)

首」とは、船をもって日中《にっちゅう》間を往来して貿易活動を行っている商人である。もちろん「綱」と「綱首」が無関係とは考えにくいが、最近の説では、「綱＝綱首」としていいかは疑問で、「綱」は貿易商社といった意味あいの言葉と解されている。

つまり「丁綱」というのは丁さんを社長とする貿易商社の名前であり、それが記されている陶磁器は、なんらかの形でその商社が扱ったものだ、ということになる。そうすると、この文字は博多で住蕃貿易を行っている商人の活動を示すものとなり、それらの陶磁器が大量に出土する場所は、彼らの活動した空間そのものか、あるいはその近接地だ、という推測ができることになる。

第二は、日中貿易の中国側の窓口、寧波《ニンポー》▲で発見された三個の「刻石《こくせき》」と呼ばれる遺物である。現在は寧波市立天一閣博物館に所蔵されているが、もとは寧波市街を囲む城壁の石材に使われていたらしい。「乾道《けんどう》三(一一六七)年」という南宋の年号がはいっていて、その性格は、寧波にある某寺の参道《さんどう》を舗装する工事が行われた際、その費用として、博多に住む三人の中国人が銭一〇貫文ずつを寄付し、その旨をきざんだ石を参道の脇に建ててもらった、というものである。

銘文には、第一石の場合、博多に住む丁淵《ていえん》という宋人が、参道一丈▲分として銭

●──「周綱」と墨書された陶磁器

▼**寧波**　中国浙江《せっこう》省の河港で、一二キロ程くだると杭州湾《こうしゅうわん》にでる。古くは明州、ついで慶元《けいげん》といった。明代に寧波となる。日本・高麗《こうらい》向けの市舶司《しはくし》がおかれ、日本船のはいる代表的な港となる。近郊には天童《てんどう》寺・阿育王《あいくおう》寺・保国《ほこく》寺などの名刹《めいさつ》があり、仏教の中心地でもあった(四三ページ図参照)。

▼**一丈**　約三メートル。

（第一石）
日本國太宰府博多津居
住弟子丁淵捨□〔銭カ〕十貫文
砌路一丈功徳奉献三界
諸天十方智聖本□上
代本命星官見生□〔得カ〕□
四惣法界衆生同生佛
果者乾道三年四月日

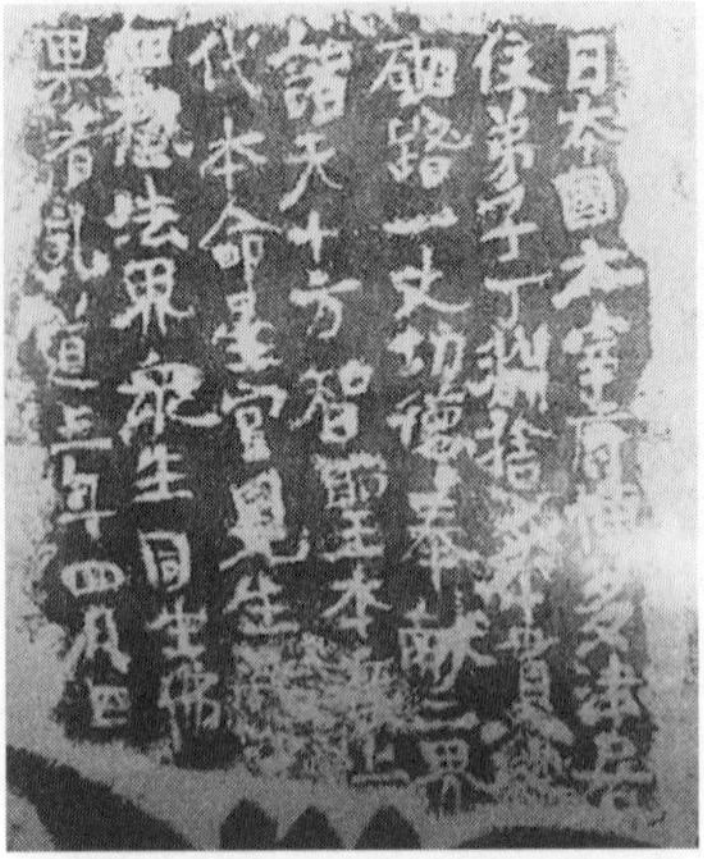

（第二石）
日本國太宰府居住
弟子張寧捨身砌
路一丈功徳奉献三
界諸天宅神香
火上代先亡本命
元辰一切神祇等
乾道三年四月

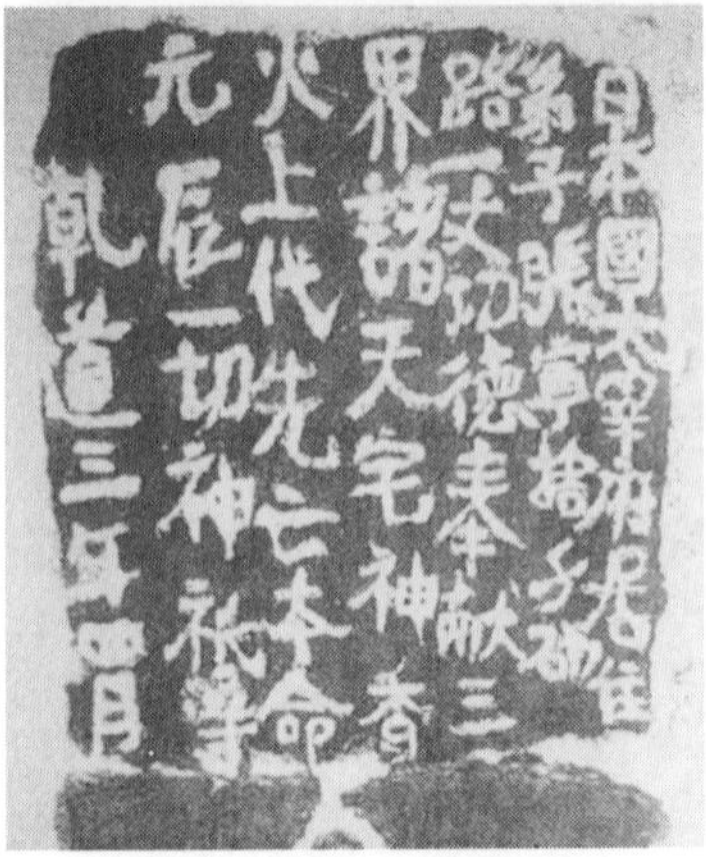

（第三石）
超昇佛界者
張六郎妣黄氏三娘
路一丈功徳薦亡考
捨銭十貫明州礼拝
本國孝男張公意
建州普城縣寄日

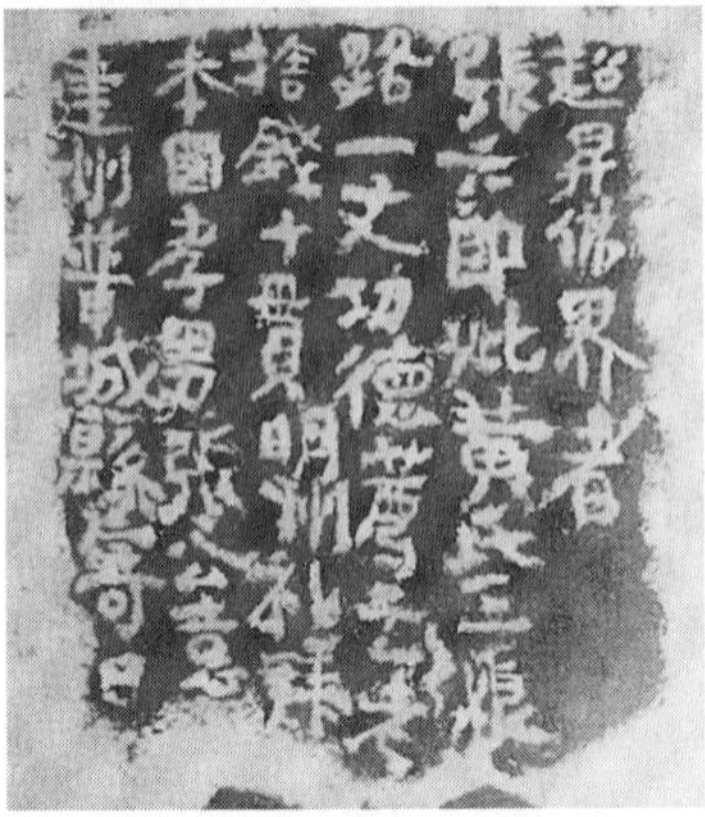

●―寧波出土刻石の拓本と釈文（小林茂ほか編『福岡平野の古環境と遺跡立地』による。次ページ上も同）

第1石　第2石　第3石

●──寧波出土刻石

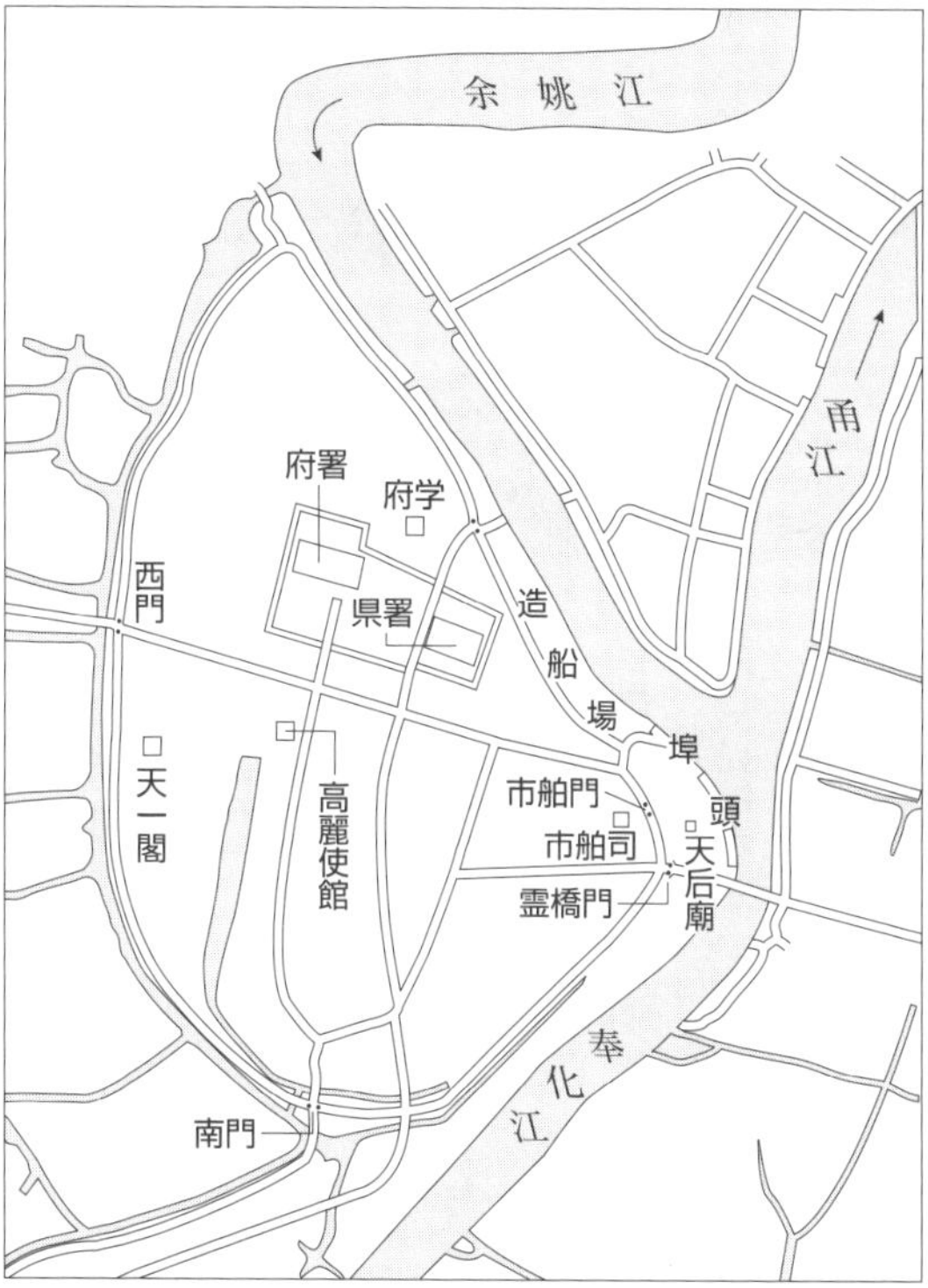


●──明・清代の寧波(斯波義信「港市論─寧波港と日中海事史─」『アジアのなかの日本史』Ⅲによる)

▼本貫　出身地ないし本籍地。

一〇貫文を喜捨し、その見返りとして、現世では幸せをえ、死ぬときは極楽にいけるように、「三界諸天」以下の神々に祈願する、という旨が書かれている。ではこの刻石は、博多という都市についてなにを語っているのだろうか。博多に住む三人の中国人は、寧波の寺に喜捨しているので、博多・寧波間を往来して貿易活動を展開していた商人と考えられる。しかしこの資料の面白さはそれにとどまらない。

彼らの名乗りをみると、第一石では「日本国太宰府《だざいふ》博多津居住弟子丁淵」である。第二石は「日本国太宰府居住弟子張寧」で、たんに「太宰府」とあるが、狭義の大宰府ではなくこれも博多と考えてよいだろう。以上二例には「居住」という字が使われている。これに対して第三石には「建《けん》州普《ふ》城《じょう》県寄日本国孝男張公意」とある。「寄」という字は一時的に滞在する「寄寓」の意味であろう。「建州普城県」(晋城県か)という本貫《ほんがん》▲が書かれていることも、博多の住人になりきっていない彼の意識を反映している。

以上から、当時博多を拠点に活動していた宋商人には、長期間博多に屋敷を構えて住んでいる者と、一時的に滞在している者という、二つの類型があったことがわかる。これは二つの段階といったほうがよいかもしれないが、彼らの博多における住み方の違いが読みとれることは、たいへん貴重である。

続いて文献史料をみていこう。比叡山《ひえいざん》の麓近江坂本《おうみさかもと》にある西教寺《さいきょうじ》所蔵の、一一一六(永久《えいきゅう》四)年の経典奥書《きょうてんおくがき》に、「筑前《ちくぜん》国博多津唐房大山船《とうぼうたいせんぶね》龔三郎《きょうさんろう》船頭房《せんどうぼう》」で書写したとある。博多津に「唐房」という場所があって、比叡山の末寺《まつじ》大山寺《たいせんじ》▲となんらかの関係をもつ、船頭を名乗る宋人が住んでいた。奥書の続きに「有智山《うちやま》(=大山寺)明光房唐本《みょうこうぼうとうほん》を以て移書しおわんぬ」とあって、大山寺に所属する明光房という僧侶が所持していた唐本(中国からもたらされた本)から写したことがわかる。では中国ではどうであったかというと、乾興元《けんこう》(一〇二二)年の奥書に、「明州(=寧波)国寧寺《こくねいじ》」のある部屋で覚印《かくいん》という日本人の天台僧《てんだいそう》が写したとある。つまりこの経典は、寧波から博多へと移動したもので、それを媒介したのが日本から中国に渡っていた天台僧であった。

こうしてこの奥書からも、刻石から導いたのと同じような、博多と寧波という二つの港町をつなぐ人・モノの交流が浮かび上がってくる。

さらに、龔三郎のいた「唐房」は中国人居留区を意味する言葉だから、この奥

▼**大山寺**　福岡県太宰府市内山《うちやま》の宝満《ほうまん》山にあった巨大天台寺院。竈門山《かまどさん》寺・有智山《うちやま》寺ともいった。廃仏毀釈《はいぶつきしゃく》で竈門神社のみ残る。最澄《さいちょう》が渡海前に航海の安全を祈ったところと伝える。最盛期の平安《へいあん》末〜鎌倉期には内山・南谷《みなみだに》・北谷《きただに》に三七〇の坊舎があったという。

書は博多にそのような街区が存在したことをも語っている。

これと関連して、源俊頼《みなもとのとしより》の和歌集『散木奇歌集《さんぼくきかしゅう》』▲(冷泉家時雨亭《れいぜいけしぐれてい》文庫所蔵)にこんな記事がある。俊頼の父師信《もろのぶ》が大宰権帥《だざいのごんのそち》として赴任中の一〇九七(承徳元)年になくなり、俊頼は急いで下向して葬儀を営んだ。そのときの彼の詠歌に、「博多に侍りけるに、唐人《とうじん》どもの詣で来て、弔ひけるに詠める」という詞書をともなう「たらちねに別れぬる身は　唐人《からびと》の　言問ふさへぞ　この世にも似ぬ」という作品がある。大宰府高官の葬儀に博多にいた唐人たちが弔問に訪れ、それを見た息子は「この世にも似ぬ」という印象をもった。当時の博多が一種異国的な雰囲気を備えていたことがわかる。

さらに一一五一(仁平《にんぴょう》元)年、大宰府の役人たちが徒党をくんで、博多および隣接する筥崎《はこざき》の富裕な家々を襲って、物を略奪し、あげくの果てに筥崎宮▲に乱入して神宝を奪う、という事件が起きた。その際、宋人王昇《おうしょう》の後家の家をはじめとして、一六〇〇家の資材・雑物が奪われたとある。家数には誇張がありそうだが、襲われたたくさんの家の筆頭が宋人王昇の後家の家であった。このように、宋商たちの展開する貿易活動によって、博多には莫大な資産が蓄積さ

▼**源俊頼と『散木奇歌集』**　俊頼(一〇五五〜一一二九年)は宇多源氏《うだげんじ》経信《つねのぶ》の子で、和歌と管弦《かんげん》にひいでる。勅撰集《ちょくせんしゅう》『金葉和歌集《きんようわかしゅう》』の撰者。歌学書《かがくしょ》『俊頼髄脳《ずいのう》』の著者。一六二二首の作品をおさめる自撰家集『散木奇歌集』は『群書類従《ぐんしょるいじゅう》』和歌部などに所収。

▼**筥崎宮**　応神《おうじん》天皇・神功《じんぐう》皇后を祭神とする延喜式内社《えんぎしきないしゃ》で、博多の東方にある。大宰府の官人《かんじん》と関わり深く、中国貿易も営んだ。

れていた。どんなきっかけで事件が起きたのかは残念ながらわからないが、おそらくは貿易をめぐる利権争いが背景にあったのではないか。

それでは、宋商人たちは博多のどこに住んでいたのか。

中世の博多の中心街は、聖福寺《しょうふくじ》▲や櫛田《くしだ》神社▲のあたりで、現在は那珂《なか》川と石堂《いしどう》川に挟まれた場所になっている。博多駅前から博多港へまっすぐ延びる「大博《だいはく》通り」という大通りに地下鉄をとおした際、発掘調査が行われた。この通りが中世博多のメインストリートと重なっていたため、地下鉄関連の発掘だけでも膨大な量の遺構・遺物が検出された。遺物の中心は陶磁器で、その数が何十万という単位である。ゴミ穴を一つ掘ると、廃棄された陶磁器がぎっしり詰まっていて、何千という数がでてくる。

そうした多数の発掘地点のなかで、港としてもっとも好適な場所はどこか。当時の博多の市街は、平行にならぶ二つの砂州―陸に近いほうから博多浜、息《おきの》浜《はま》と呼ばれる―の上に展開し、両浜を埋立てによってつないだ地峡の上を、メインストリートが通っていた。現在の那賀川の前身にあたる水流が二つの浜の西側をとおって海にそそいでおり、その流れに向かって、博多浜と息浜に挟ま

▼**聖福寺**　福岡市博多区の博多旧市街にあり、鎌倉初期に栄西が開いた日本でもっとも早期の禅《ぜん》宗《しゅう》寺院。

▼**櫛田神社**　福岡市博多区の博多旧市街にあり、博多総鎮守《そうちんじゅ》を称する。平氏《へいし》政権期に唐船《とうせん》の着岸した神埼荘《かんざきのしょう》の櫛田社を勧請《かんじょう》したものと推定される。七月の祇園山笠《ぎおんやまがさ》は博多を代表する祭礼。

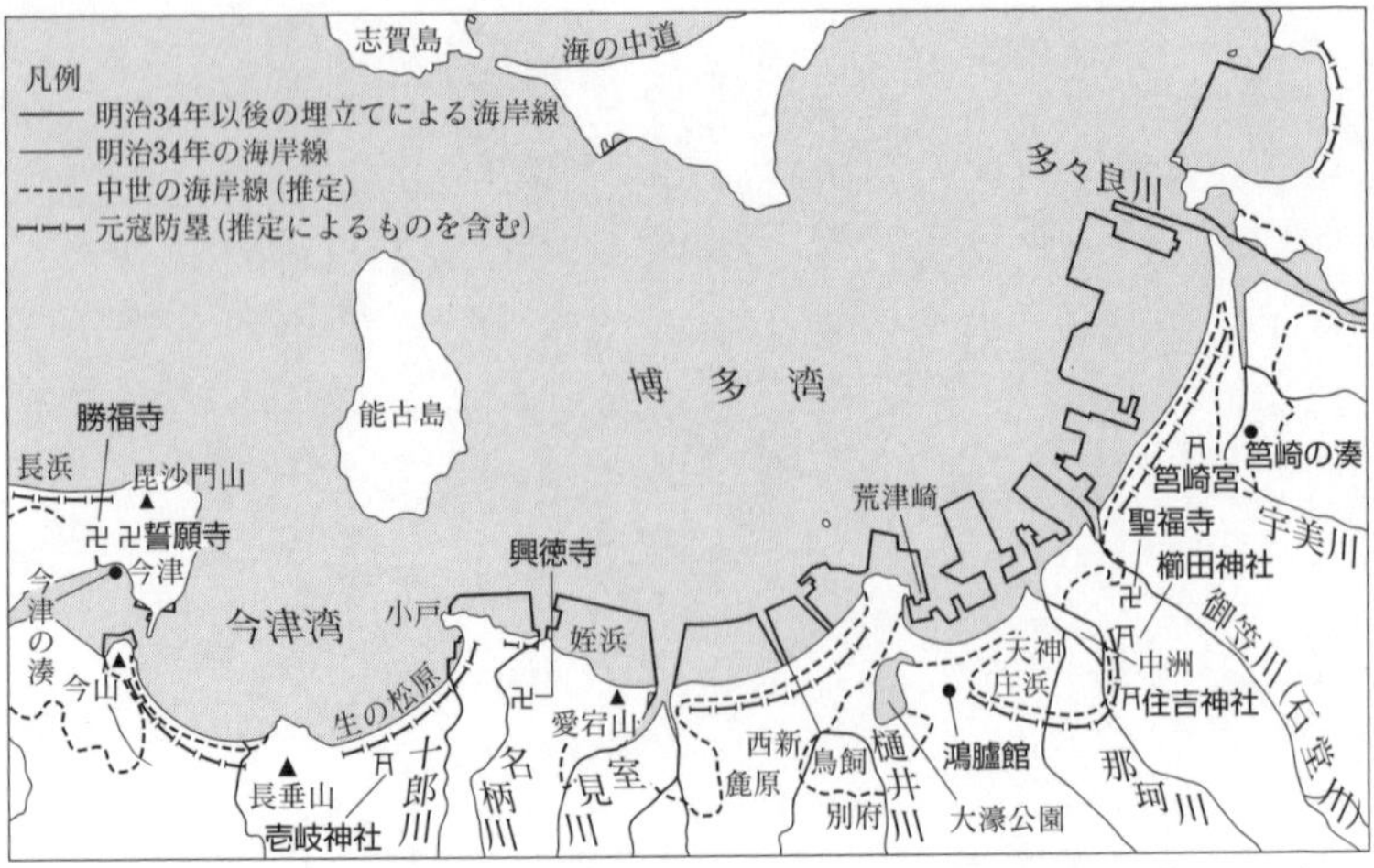


●——博多地図(柳田純孝「元寇防塁と中世の海岸線」網野善彦ほか編『よみがえる中世Ⅰ』による)

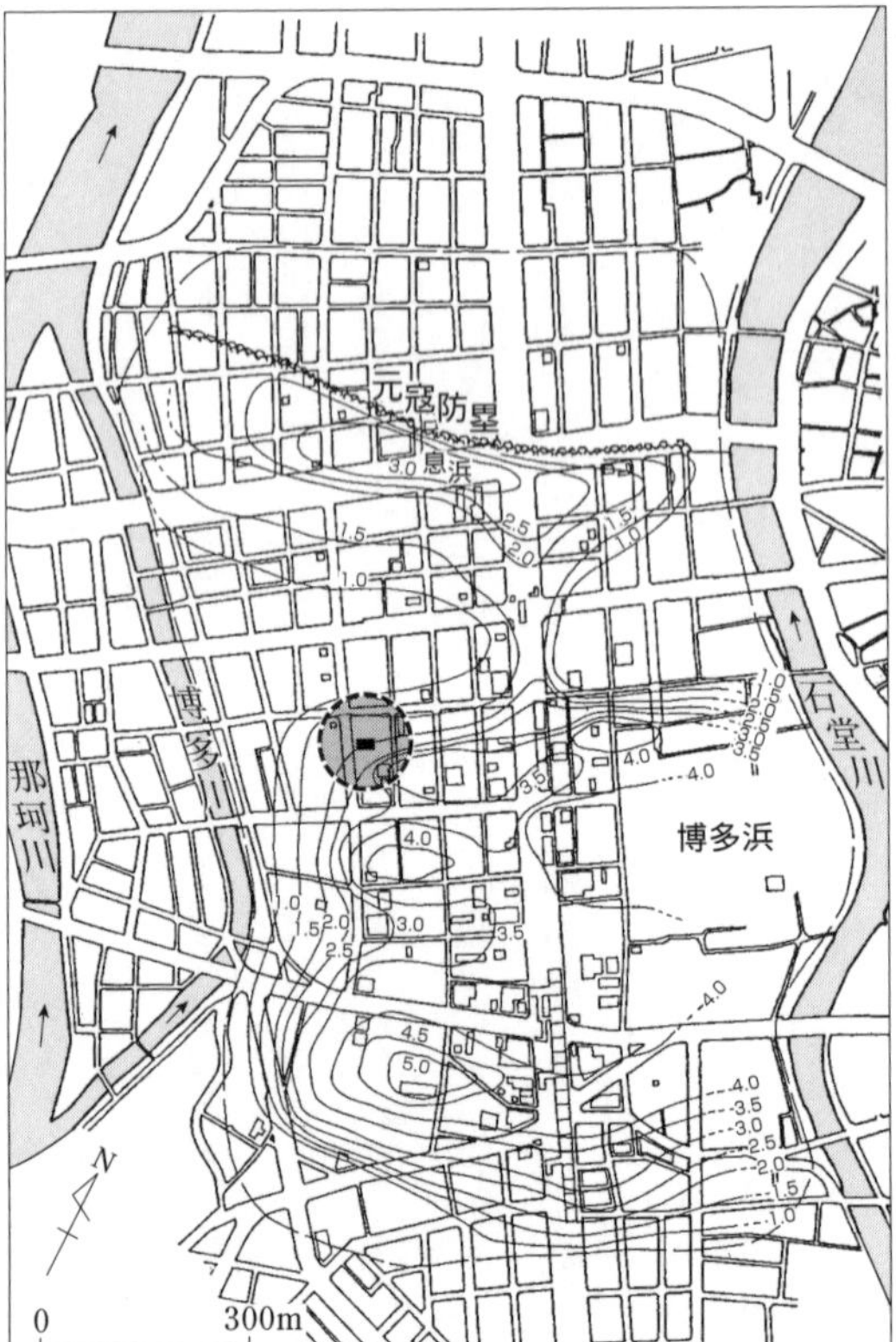


●——中世博多復元図と第十四次発掘地区(大庭康時「博多遺跡群における中世考古資料の分布論的検討メモ」(『博多研究会誌』5号による)

●──祇園町駅で発掘された井戸から出土した大量の青磁片(復元)

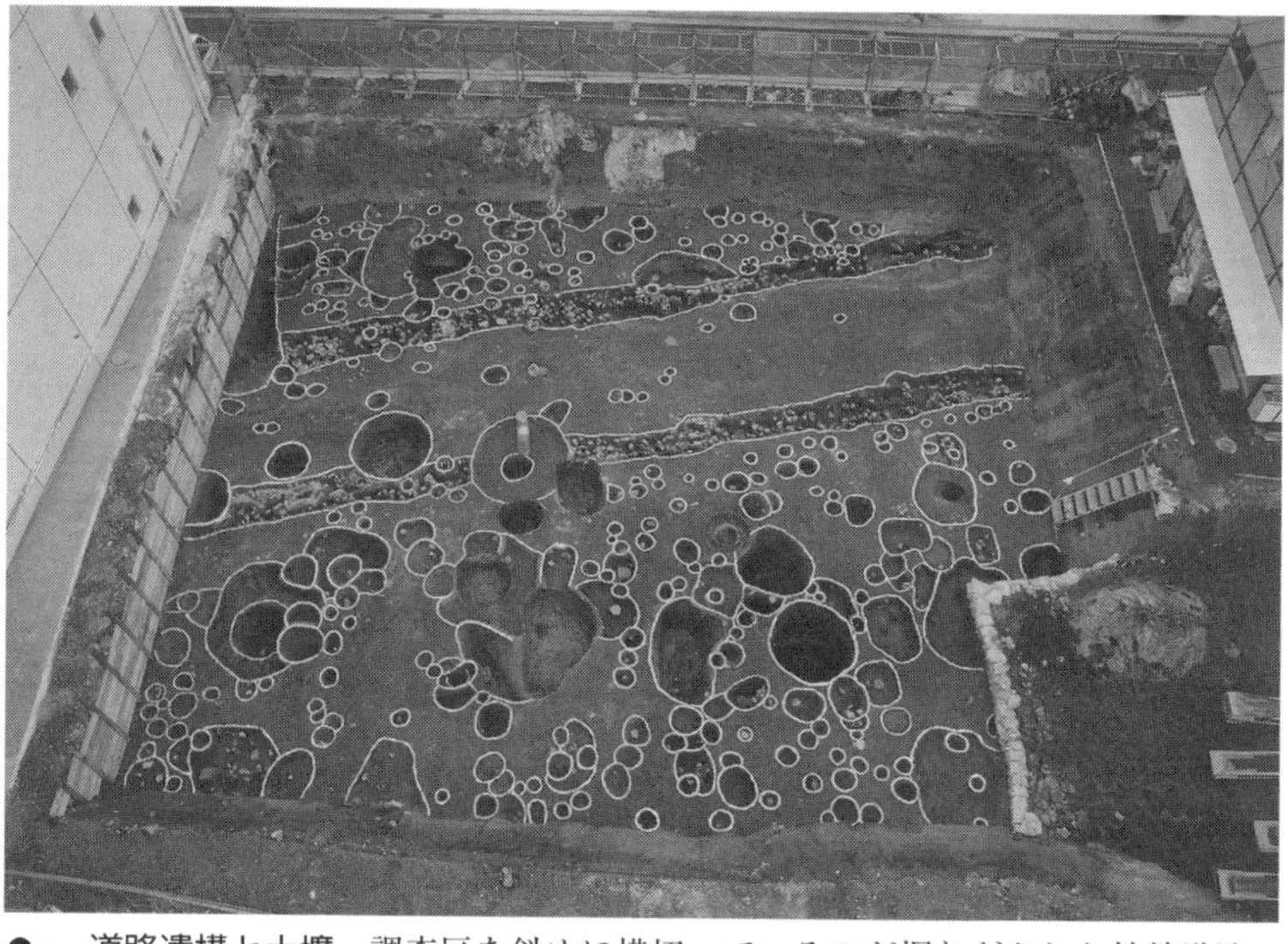

●──道路遺構と土壙　調査区を斜めに横切っているのが掘りだされた幹線道路。

れた入江が開いていた。この入江が港として好適と予想されるが、それにちょうどみあうように、四八ページの下図で破線の丸で囲んだ第十四次発掘地区の大きな穴から、大量の白磁《はくじ》が出土した。この場所は当時波打ち際だったと考えられる。

この地点の性格として考えられたのが、荷揚げ場説、すなわち、荷揚げの際に海が荒れていたりすると陶磁器が破損して商品にならないものが大量にでるが、それを捨てた場所だ、という解釈である。つまり中世博多港の有力な船着き場の一つではないかということで、たいへん注目されている。さらにこの地点を含んで、列をなすように大量の陶磁器を出土する遺跡がならんでいる。ここからはさきほど紹介した墨書陶磁も出土している。それらが宋商たちの活動にともなうものだとすれば、これらの遺跡が分布する空間こそが、宋商たちのいた「唐房」ではないか。文献史料からはわからない「唐房」の場所が、発掘調査を通じて、ほぼここであろうとしぼられてきたのである。

そして博多以外にも、九州の沿海地にトウボウと読める地名が多く分布し、その一部は文献史料でも確認できることが、柳原敏昭や服部英雄の研究によって解明されつつある。その遺存地はいずれも古い港湾が立地するのにふさわしい地形的条件を備えており、「某綱」銘の墨書陶磁の出土も、数は少ないながら報告されている。住蕃貿易の時代、少なくとも九州では、中国人商人の居留が面的に広がっていたのである。

## 「博多綱首」の生活と営業

以上はおよそ平安時代終りころのようすである。ところが文献上からいえば、彼ら博多在住の宋商人の活動がよくわかるのは鎌倉時代前半期で、そこにはじめて「綱首」という名称があらわれる。その代表格の謝国明《しゃこくめい》は、博多に承天寺《じょうてんじ》という禅宗寺院を開き、その開山《かいさん》に東福寺《とうふくじ》の開山でもある高僧円爾《えんに》を招いた。謝国明をめぐってつぎのような史料がある（『毛利家《もうりけ》所蔵筆陣《ひつじん》』、もとは宗像《むなかた》神社にあったもの）。

宗像社雑掌申す社領小呂嶋《おろしま》の事。訴状〈具書等を副う〉之を遣わす。状の如くんば、綱首謝国明、前預所《あずかりどころ》代常村《だいつねむら》を語らい取り、地頭《じとう》と号して社役を対捍《たいかん》（未払い）すと云々。事実《ことじち》ならば甚だ穏便ならず。早く例に任せて社役を勤仕すべきの由、下知せしむべし。若《も》し又子細有らば、国明の子息を召し出だし、注申せらるべきの状、仰せに依り執達件《くだん》の如し。

建長《けんちょう》四(一二五二)年七月十二日

相模守(北条時頼)(花押)

陸奥守(北条重時)(花押)

豊前々司(少弐資能)殿

謝国明は、玄界灘《げんかいなだ》に浮かぶ小呂島の「地頭」を称していた。この島は博多近くの宗像社の所領だったので、同社におさめるべき年貢《ねんぐ》(社役)をめぐって、宗像社と謝国明とのあいだで訴訟が起き、それが鎌倉幕府にもちこまれた。右の文書は、幕府の執権《しっけん》・連署《れんしょ》▲が筑前国守護《しゅご》に対して、謝国明に社役をおさめさせるよう命じたものである。

また謝国明は、野間《のま》・高宮《たかみや》・平原《ひらばる》という三つの博多近郊の村を筥崎宮から買い取って、みずからが建てた承天寺に寄付した。以上のように、彼は財力をもち、日本社会にとけこんで、土地に対する権利をも獲得していたのである。

つぎに、彼らの婚姻関係をみよう。宗像大宮司《だいぐうじ》家の系図をみると、大宮司の氏実《うじざね》は王という家の女性を娶って、五人の子どもを儲けた。そのうち氏国《うじくに》と氏《うじ》

▼**執権・連署**　鎌倉幕府将軍の後見・補佐を職務とし、北条氏《ほうじょう》によって独占された職制。連署は副執権で、御教書《みぎょうしょ》や下知状《げちじょう》に執権と連署することからこの称がある。北条氏が幕府の実権を掌握するための足場となった。

▼栄西　一一四一～一二一五年。比叡山で天台教学を学び、一一六八(仁安《にんあん》三)年入宋《にっそう》。一一八七(文治《ぶんじ》三)年再度入宋し、天台山の虚庵懐敞《こあんえじょう》から臨済禅《りんざいぜん》の法を嗣いで九一(建久《けんきゅう》二)年帰国。博多に聖福寺、鎌倉に寿福寺《じゅふくじ》、京都に建仁寺《けんにんじ》を開き、日本臨済宗の開祖と目される。著書に『興禅護国論《こうぜんごこくろん》』『喫茶養生記《きっさようじょうき》』がある。

経《つね》は大宮司になった。その兄弟氏忠《うじただ》は、張という家から妻を迎えて、三人の子どもをなし、その一人氏仲《うじなか》は大宮司になった。王家・張家はおそらく博多の唐房に居留する宋商人であり、彼らは筑前国の名族である宗像氏と密接な婚姻関係を結んでいたのである。

では彼らが死亡したらどこにほうむるのか。栄西《ようさい》▲が開いた聖福寺という、承天寺以上に有名な博多の禅宗《ぜんしゅう》寺院の敷地について、栄西の申状とされる史料はつぎのように述べる。もともとこの地は「博多百堂《ひゃくどう》」と呼ばれ、宋人たちが堂舎を建てたところだったが、彼らがいなくなったあと、もともとが仏地なので、人びとが居住をはばかって空地になっており、そこに伽藍《がらん》を建立したのが聖福寺である、という。この史料は偽文書といわれているが、聖福寺の境内が宋人たちの堂舎を営んだ場所だという説明は、真実を含んでいるだろう。そしてこういう堂舎は、多くは墓地の一角を選んで建てられるから、この場所はもともと宋人たちが墓所を営んだ空間であったと考えられる。

以上より、博多という砂州上の空間をどのように利用して、都市生活が営まれていたかが、ある程度わかってくる。西側の海辺に近いところに、交易の拠点として倉庫や港湾施設、あるいは屋敷があり、その背後の東寄りのところに宗教施設がある、という使い分けがあったのではないか。

つぎに、張興《ちょうこう》・張英《ちょうえい》という名の二人の博多綱首を紹介しよう。ともに先述の「刻石」にもあった張という姓である。張興は「御分通事《ごぶんつうじ》」で、これはおそらく鎌倉幕府と関係をもつ通事（通訳）という意味であろう。もう一人の張英については、「鳥飼二郎《とりかいじろう》船頭と号す」とあって、彼らは日本風の名前ももっていたこと、「船頭」が「綱首」の日本語訳であること、がわかる。つまり彼らは、一方では博多綱首と呼ばれ、他方では御分通事や船頭と呼ばれる二つの顔をもつ、マージナル（境界的）な存在だということがうかがえる。

さらに張光安《ちょうこうあん》という人物になると、「神人《じにん》通事船頭」とあって、属性が三つも重なっている。通事と船頭は前の例と同じだが、「神人」というのはなにか。中世社会では、寺社に所属する人間はやたらに手をだせないという聖なる性格をおび、また関銭《せきせん》を払わずに関所《せきしょ》を通過できる特権を獲得する。張光安の場合は、山門《さんもん》末寺の大山寺に神人として所属したうえで、博多を拠点に貿易活動を展開していたのである。

ところが彼は筥崎宮の要人に殺されてしまい、それがたいへんな騒ぎに発展する。大山寺の本寺《ほんじ》は延暦寺《えんりゃくじ》、筥崎宮の本社《ほんしゃ》は石清水社《いわしみずしゃ》、▲ということで、延暦寺と石清水社が京都の朝廷で争うことになった。この訴訟の過程で延暦寺側は、「彼の殺害の地、博多津ならびに筥崎社においては、山門の領となさるべし」、つまり事件の起きた博多・筥崎を叡山の領地にしてくれと訴えた。これは、殺人が起きて血が流れた場所は被害者の属する集団のものになるという、「墓所の法理」に基づく主張である。叡山はこの法理を適用して、博多・筥崎をまるごと手にいれようとまでした(さすがにこれはとおらなかったが)。

　この事件が物語ることは二つある。一つは、博多にいる宋商人たちが日本社会に深く食い込んでいて、当時の社会構造のなかでこういう事件が起きると、たちまち中央にまではねかえってくる、ということ。もう一つは、博多における彼らの存在が、おそらくは貿易の利権をめぐる殺人事件にまでいたるような緊張をはらんでいた、ということである。

**▼寺社の本末関係**　大山寺が北部九州における天台宗の拠点であったことは、頭注「大山寺」(四五ページ)参照。筥崎宮は十一世紀半ばに宇佐弥勒寺《うさみろくじ》の別宮《べつぐう》となり、十二世紀前半に弥勒寺が石清水八幡宮の末寺化したことで、筥崎宮も石清水の末社となった。

## 境界人たち——平道全と金元珍

ここで話は室町時代にくだり、対馬を含む日朝《にっちょう》間の境界《きょうかい》領域に場所を転じる。この空間では、複数の国家や民族をまたぐ活動をする「境界人」の姿を多く認めることができる。それらの人びとの代表として、平道全《へいどうぜん》と金元珍《きんげんちん》の二人を紹介したい。

平道全は対馬《つしま》の生まれで、一四〇七年に対馬守護宗貞茂《そうさだしげ》▲の使者として朝鮮を訪れ、土物《どぶつ》を献じ倭寇《わこう》▲の俘虜を返還した。あわせて、「茂陵島《もりょうとう》(鬱陵島《うつりょうとう》)をもらって、部下を率いて移住したい」という貞茂の請願を伝えたが、これは拒絶された(『太宗実録《たいそうじつろく》』▲七年三月庚午《こうご》条)。道全自身は朝鮮に帰化《きか》を願い出て許され、「員《いん》外《がい》司《し》宰少監《さいしょうかん》」▲という官職をあたえられ、銀帯を賜った(太宗七・七・丙寅《へいいん》)。ここに彼は宗氏と朝鮮の双方に仕える身となったのである。

一四一一年に朝鮮が宗貞茂に米豆三〇〇石をあたえた際、同時に「護軍《ごぐん》▲平道全」にも米豆三〇石・衣一襲《かさね》・鞍一面があたえられ、「和好を結び侵賊を禁」じることを求める使者として対馬に送りだされた(太宗十一・正・甲午《こうご》)。官職は護軍という武官に進み、対馬との交渉を担う外交官として活動している。

**▼対馬守護宗貞茂**　?〜一四一八年。宗氏による対馬島支配を安定した軌道に乗せた。倭寇の制圧に尽力して、朝鮮政府から期待をよせられていたが、その死後倭寇が再発し、応永外寇を招くことになった。

**▼倭寇**　朝鮮半島での倭寇の活動は、十四世紀半ばに本格化し、一三七〇年代に頂点に達したが、一三九二年に成立した朝鮮王朝の懐柔策が功を奏して鎮静化した。その最大の根拠地が対馬であった。

**▼『太宗実録』**　朝鮮王朝の歴代の国王ごとに編纂された厖大な編年体の史書『朝鮮王朝実録』のうち、第三代太宗王の治世をおさめる部分。以下、「『太宗実録』七年三月庚午条」を「太宗七・三・庚午」のように略記する。

**▼員外司宰少監**　司宰監は宮《きゅう》中《ちゅう》の魚肉塩薪炭などをつかさどる官衙《かんが》で、少監はその次官。員外は定員外の意。

　一四一三年には、朝鮮の兵船と道全がつくった倭船《わせん》の速度を比較する実験が漢江《かんこう》▲で行われ、順流では倭船が三〇～四〇歩先んじ、逆流ではその差が数百歩に開いたという（太宗十三・正・甲午。どれくらいの距離で競ったのかは不明）。道全が造船の技術をもっていたことがわかる。また彼は雨乞いにも自信があったようで、一四一五年に日本国の僧数人を率いて、漢江の水辺で「舎利《しゃり》を沈め小鼓を撃ちて以て禱《いの》」っている（太宗十五・六・丁丑《ていちゅう》）。

　平道全はまた、琉球《りゅうきゅう》に行ったことがあるらしく、一四一五年朝鮮政府は、彼を召して琉球への海路の難易を問うた。このとき朝鮮では、使者を琉球に派遣して、倭寇の俘虜で琉球に転売されていた朝鮮人を取り戻そうと試みていた（太宗十五・八・己巳《きし》）。

　このように朝鮮に官吏として仕えて、八面六臂の活躍をしていた平道全の運命を狂わせたのが、一四一九年、朝鮮が倭寇の根拠地とみなして対馬を攻めた応永外寇《おうえいがいこう》だった。開戦の直前、朝鮮の左議政《さぎせい》▲朴訔《ぼくぎん》は世宗王《せそうおう》▲につぎのような提案をした（世宗元・五・辛亥《しんがい》）。

　　国家、倭人を待すること極めて厚し。而《しか》るに今乃《すなわ》ち我が辺鄙《へんぴ》を侵す。信な

▼**護軍**　国軍の中核をなす五衛《ごえい》（竜興《りゅうこう》・竜驤《りゅうじょう》・虎賁《こふん》・忠佐《ちゅうさ》・忠武《ちゅうぶ》）の官職名で、品階は正四品《しょうしひん》、現職に就いていない文武官を宛てる。

▼**漢江**　ハンガン。朝鮮の国都漢城（ソウル）の南を流れ黄海《こうかい》にそそぐ大河。

▼**左議政**　朝鮮の最高官府である議政府の三公《さんこう》（領《りょう》議政・左議政・右議政）の第二位。

▼**世宗王**　朝鮮王朝第四代国王。在位一四一八～五〇年。ハングル制定などの治績により、希代の名君とされている（写真は韓国一万ウォン札より）。

きこと此《かく》の如し。平道全厚く聖恩を蒙り、官は上護軍に至る。宜《よろ》しく道全を遣わして以て助戦《じょせん》せしむべし。今若《も》しその力を用いざれば、まさになにを用いんとするや。これを殺すも可なり。

これを受けて王は道全を「忠清道《ちゅうせいどう》助戦兵馬使《へいばし》」に任命し、わずか一六人の伴倭《はんわ》を率いさせて戦場に送りだした。この件を記した『朝鮮王朝実録』は、「道全はもと日本国人なり」とコメントを付している（同）。その後彼は、ひそかに対馬に通じ他人の功を盗んだという嫌疑をかけられ、妻子とともに平壌《へいじょう》へ流刑となってしまう（世宗元・六・丙子《へいし》）。ここに、国家の境界人使い捨ての姿勢をみることができる。

いま一人の境界人は金元珍という。『朝鮮王朝実録』には一四一九年から田平《たびら》（平戸《ひらど》の対岸）の領主　源省《みなもとのはぶく》の「使送《しそう》▲」として登場し、二三年には礼曹《れいそう》▲に「私は日本に戻って、日向《ひゅうが》・薩摩《さつま》・大隅《おおすみ》などの地域で俘虜となっている朝鮮人を探しだして連れ帰りたい」と願い出ている。朝鮮はこれを受けいれて、元珍に礼曹判書《はんしょ》（外務大臣）名の外交文書を託し、日向・薩摩・大隅三国の領主島津久豊《しまづひさとよ》▲のもとへ使者として送りだした。この文書のなかで、元珍は「今肥州太守《ひしゅうたいしゅ》（源省）

▼**使送**　日本の諸勢力から遣わされて朝鮮を訪れる外交使節。

▼**礼曹**　朝鮮の国制で、議政府に下属し、行政実務を分担する部局六曹《りくそう》（吏・戸・礼・兵・刑・工）の一つで、儀礼・外交・教育を担当。六曹の長官を判書といい、以下参判《さんぱん》—参議《さんぎ》—正郎《せいろう》—佐郎《さろう》の職階がある。

▼**島津久豊**　一三七五〜一四二五年。氏久《うじひさ》の子、元久《もとひさ》の弟。陸奥守。法名存忠《ぞんちゅう》。相州《そうしゅう》家・伊作《いさく》家・薩州《さっしゅう》家・豊州《ほうしゅう》家など島津諸家の祖にあたる。

遣す所の金元珍、本是《もとこ》れ本国の産なり。その帰を告ぐるに因りて敢て布す」と紹介されている（世宗五・三・乙酉《いつゆう》）。

このように元珍は民族的には朝鮮人であるが、同じ年に「倭人金源珍の女子」に家舎を賜ったという記事がある（世宗五・十二・乙卯《いつぼう》）。ここでいう「倭人」とは民族としての日本人をさすわけではない。対馬や北部九州の勢力の使者として朝鮮を訪れる者は、民族は朝鮮人であっても「倭人」と呼ばれる。まさに境界的な人間類型なのである。

一四三〇年、元珍は琉球通事の肩書であらわれ、琉球国長史梁回《ちょうしりょうかい》▲から朝鮮国王府執礼官《しつれいかん》▲に宛てた外交文書を携えて琉球から帰国した。この文書には、琉球と朝鮮が相互に漂風者を送還する取決めが、つぎのように記されている（世宗十二・閏十二・壬戌《じんじゅつ》）。

　本国琉球の人が小船に乗って風にあい、貴国朝鮮に到着した際、貴国は王への奏聞をへて、衣粮などの物を賜給され、日本国飛鸞渡（平戸）在の池囉是郎（次郎四郎《じろうしろう》）の船に載せて発遣し、順送りに本国へ送還され、さる五月四日に琉球国王への奏聞があった。わが王は深くよろこばれ、重ねて遠人

▼**琉球国長史梁回**　琉球では、明《みん》の「王」（地方に封じられた皇族）のもとにおかれた「王府」の制度を導入し、その高官に那覇の久米《くめ》村に集住する渡来中国人（閩人《びんじん》三十六姓）を起用した。「長史」もその一つで、王府長史司の長官の称。王を補佐し、王命を伝達することを任とした。梁《りょう》氏は閩人三十六姓の一つ。

▼**執礼官**　朝鮮にこの名の官職はないが、おそらく礼曹判書をさすのであろう。

を撫するよう厚く命じられた。按ずるに本国には、先王のころより今にいたるまで、すこぶる貴国朝鮮から流離する人が多い。これもまた転送することとする。

このあと元珍は平戸に帰るにあたって、肥州太守源貞《さだし》への答書を託されたが、あわせて、先年朝鮮に抑留されていた平戸人乙五郎《おつごろう》ら二〇人（海賊行為を働いたのであろう）の送還にも任じている（世宗十二・閏十二・癸亥《きがい》）。元珍や次郎四郎ら境界人が、朝鮮・琉球・平戸間の外交の媒介者として活躍していたようすがうかがえる。元珍は平戸で漂風者を次郎四郎から引き継いだのであろうか。

さらに一四三五年にも、元珍は肥州太守源義《よし》の使者として朝鮮に来た。その際朝鮮の島で船材を伐採する許可を求めたが、「材木は造船のためほとんど涸渇している」という理由で断わられた（世宗十七・八・乙卯）。このとき元珍に同行した者のなかに「琉球国船匠吾夫沙豆（大里か）」がおり、「朝鮮に帰化したいので、いったん金原珍に随って琉球に帰り、妻子を連れて来たく存じます」と願い出た。この請願は許可され、さらに綿紬《めんちゅう》▲一一匹・席子《せきし》▲一一張が賜与された（世宗十七・十・壬戌）。

▼**綿紬**　白絹の織物。朝鮮の代表的な輸出品。

▼**席子**　藺草《いぐさ》・藁《わら》などで美しく編んだ敷物。

平道全や金元珍の率いる集団には、造船技術をもった者が含まれていた。吾夫沙豆一家の帰化が認められたのも、朝鮮が彼の造船技術に期待したからであろう。このように、彼ら境界人は、異なる地域への技術移転にも貢献していたのである。

## ④俊寛物語を読む――キカイガシマを訪れる人びと

### 『平家物語』の描く鬼界が島

一一七七(治承《じしょう》元)年、後白河上皇《ごしらかわじょうこう》▲を黒幕とする平家《へいけ》打倒の陰謀が、平清盛《たいらのきよもり》▲の知るところとなって、首謀者と目された三人――法勝寺《ほっしょうじ》執行《しゅぎょう》俊寛《しゅんかん》▲僧都《そうず》、平判官康頼《へいはんがんやすより》▲、そして若輩の藤原成経《ふじわらのなりつね》▲――が鬼界《きかい》が島《しま》に流される。そこは、「都《みやこ》を出てはる〴〵と、浪路をしのいで行所也。おぼろけにては(容易には)舟もかよはず」(『平家物語』巻二「大納言死去」)というような、絶海の孤島だった。翌年、康頼と成経には赦免《しゃめん》がでて、島を離れることになった。俊寛はたった一人残されてしまう。二人を乗せた船が港から沖へでていく。俊寛は海にかけいって返せ、戻せと叫ぶ。されど海はどんどん深くなる、船はますます遠ざかるで、駄々っ子のように足摺りをして泣き叫んだけれども、「漕行《こぎゆく》船の習にて、跡はしら浪ばかり也……」(巻三「足摺」)。

後日譚として、俊寛の弟子の有王《ありおう》という若い僧が、はるばる都から島へ渡り、師匠と再会して、その娘から託された手紙を渡す。その後まもなく俊寛は島で

▼**後白河上皇**　鳥羽《とば》天皇の子。一一五八(保元《ほうげん》三)年院政《いんせい》を開始。平氏《へいし》と対立して一一七九(治承《じしょう》三)年幽閉されるが、翌年源氏《げんじ》の挙兵などを受けて院政を再開。その後朝廷の主として鎌倉幕府と渡りあった。

▼**平清盛**　一一一八～八一年。保元・平治《へいじ》の乱《らん》をおさめて朝廷で権力を確立し、一一六七(仁安《にんあん》二)年には従一位《じゅいちい》太政大臣《だいじょうだいじん》にのぼりつめる。妻の妹が後白河天皇とのあいだに儲けた子を即位させる(高倉《たかくら》天皇)などして、権勢をきわめたが、しだいに後白河と対立。一一七九(治承三)年にクーデタを決行して後白河を幽閉、翌年には娘徳子《とくこ》と高倉とのあいだの子を即位させ(安徳《あんとく》天皇)て朝廷の実権を掌握するものの、反平氏の反乱が拡大するなか、一一八一(養和《ようわ》元)年病死した。

▼**俊寛**　村上《むらかみ》源氏出身で、院権力と一体であった法勝寺の執行《しゅぎょう》を

つとめ、後白河上皇の近習僧《きんじゅうそう》筆頭となる。平家打倒の陰謀の首謀者とみなされ、鬼界が島へ流される。

▼**平康頼**　阿波《あわ》出身の武士で、今様《いまよう》の名手をもって後白河上皇に近仕。鬼界が島から帰京後、説話集『宝物集《ほうぶつしゅう》』を著わした。

▼**藤原成経**　後白河の寵臣《ちょうしん》で平家打倒の陰謀をリードした藤原成親《なりちか》の子。処刑された父(当時四〇歳)の縁坐で鬼界が島へ流罪となる。

●——**後白河上皇**(『天子摂関御影』)



生涯を終え、有王は師匠を手厚く供養する。俊寛の最期は、「をのづから(たまさか)の食事をもとゞめ、偏《ひとへ》に弥陀の名号をとなへて、臨終正念《しやうねん》をぞ祈られける。有王わたて廿三日と云に、其庵《そのいほ》りのうちにて遂にをはり給ぬ」という、定型的な往生譚《おうじょうたん》であり、有王の行いは、「遺骨を頸にかけ、高野《かうや》へのぼり、奥院《おくのゐん》に納めつゝ、蓮花谷《れんげだに》にて法師《ほうし》になり、諸国七道修行して、しう《(主)》の後世をぞとぶらひける」という、うるわしい主従愛に支えられていた(巻三「僧都死去」)。

さてこの文学作品に歴史研究の立場からなにを読みとるか。右に引用した「舟もかよはず」の続きに、「嶋にも人まれなり。をのづから(たまには)人はあれども、此土《このど》の人にも似ず。色黒うして牛の如し。身には頻《しきり》に毛おひつゝ、云《いふ》詞《ことば》も聞しらず。男は烏帽子《えぼし》もせず、女は髪もさげざりけり」とある。人は住んではいるものの、この土、つまり日本の人にもにない。色が黒くて牛みたいだし、毛深くて、しゃべる言葉は全然理解できない。そのうえ中世の日本のまっとうな男であればかぶる烏帽子をかぶっていないし、まっとうな女であれば髪を束ねて背にたらすのだがそうもしていない。このような鬼界が島の住人の姿は、なにを語っているのだろうか。

●―平清盛（『天子摂関御影』）

▼**神功皇后**　仲哀《ちゅうあい》天皇の妻で、夫の死後、身重の体でいわゆる「三韓征伐」に出征し、凱旋後筑紫《つくし》の宇美《うみ》で応神《おうじん》天皇を出産したと伝える。

▼**天竺・震旦**　仏教的世界観におけるインド・中国の呼び名。



中世の空間観念のなかでは、境界の外に住む者は鬼であった。鬼は頭に角がはえていたり、口から霧を吹いたりして、まったく人ではない。だが鬼界が島の住人は、都近辺に住む普通の人とは違っていても、けっして鬼や人ならぬものではない。このような二重性から、この島は、中世の日本にとって、境内と異域との境界にある場所、内と外と両方の性格をかねそなえた空間である、と考えることができる。

『平家物語』のなかで、「鬼界」という言葉はさらに三カ所に見える。まず巻五「都遷《みやこうつり》」に、「御門《みかど》かくれさせ給《たまひ》しかば、きさき神功《じんぐう》皇后▲御世をうけとらせ給ひ、女躰として、鬼界・高麗《かうらい》・契丹《けいたん》までせめしたがへさせ給ひけり」とある。神功皇后が攻め従えた地として、高麗や契丹という外国とならんで鬼界がでている。

巻一〇「請文《うけぶみ》」では、都落ちした平家が都を奪い返す決意を述べたなかに、もしそれがかなわぬのなら、鬼界・高麗・天竺《てんじく》・震旦《しんだん》▲にいたるべし、とある。この世の果てまでもというニュアンスで、高麗・天竺・震旦とならんで鬼界がでている。

巻一一「逆櫓《さかろ》」では、義経《よしつね》が平家を攻め落とすために、「陸《くが》は駒《こま》の足のおよばんをかぎり、海はろかい《（櫓櫂）》のとづ《（届）》かん程」、どこまでも追いかけていくぞ、といっている部分に、鬼界・高麗・天竺・震旦という同じ場所がでてくる。

これらの用例から鬼界という場の特徴を抽出すると、かぎりなく異域に近い日本のさい果てというイメージがえられる。一般の中世人は、鬼界の名を聞いて、こういうイメージをもったのであろう。俊寛はそんなところに流され、そこで生涯を終えることになってしまった。こうした境遇の哀れさが、物語の主要なモチーフをなしている。

しかしながら、俊寛物語の語るメッセージにはもう一つの側面があって、そちらにも眼を向けることが、物語を歴史的に理解するために必要である。巻二「康頼祝言《のっと》」に、「さるほどに、鬼界が嶋の流人共、つゆの命草葉のすゑにかゝて、おしむべきとにはあらねども、丹波《たんば》少将（成経）のしうと《（舅）》平宰相（教盛）の領、肥《ひ》前《ぜん》国鹿瀬庄《かせのしやう》より、衣食を常にをく《（送）》られければ、それにてぞ俊寛僧都も康頼も、命をいきて過しける」とある。つまり、流され人の一人成経の岳父平教盛《のりもり》が所有する鹿瀬荘という荘園《しょうえん》から、生活必需品を島に送っていた。それによって三人とも命をながらえることができた、というのである。

鹿瀬荘は、佐賀市の西南に嘉瀬《かせ》という地名があり、有明海《ありあけかい》最奥のデルタ地帯にあった荘園である。鬼界が島は、鹿瀬荘から延びる船のルート上に位置する島であった。これは絶海の孤島、地の果てというイメージとは明らかに隔たりがある。そしてその航路を伝って活動する商人の姿も、俊寛物語にみいだすことができる。

有王が鬼界が島に渡る場面を、巻三「有王」はこう描いている。「薩摩《さつま》より彼《かの》嶋へわたる船津にて、人あやしみ、きたる物をはぎとりなどしけれ共、すこしも後悔せず。姫御前の御文ばかりぞ人に見せじとて、もとゆひ《（元結）》の中に隠したりける。さて商人船にのて、件の嶋へわたてみるに、都にてかすかにつたへ聞しは事のかずにもあらず」。また九州へ戻る場面でも、「荼毘《だび》事をへ《（終え）》にければ、白骨をひろひ、頸にかけ、又商人船のたよりに九国の地へぞ着にける」とある（巻三「僧都死去」）。鬼界が島は、商人がかなりの頻度で立ち寄る、航路上の一地点を占めていた。

ではなんのために商人が島に立ち寄るのか。巻三「有王」にはこんな記述もある。「此嶋には人のくい《（食）》物たえてなき所なれば、身に力のありし程は、山にのぼて湯黄《いわう》と云物をほり、九国よりかよふ商人《あきびと》にあひ、くい物にかへなどせしか共、日にそへてよは《（弱）》りゆけば、いまはその態《わざ》もせず」。俊寛自身が硫黄《いおう》を掘って、商人に売って生活を立てていたという。これをそのまま史実とはできないが、鬼界が島が硫黄の交易によって生計を立てていたことを、俊寛に託して表現したもの、というふうに読むことは許されよう。

　そのことを語ってくれる、もう一つおもしろい史料がある。「日本国西海道《さいかいどう》九州之図」と題する絵地図で、『海東諸国紀《かいとうしょこくき》』という、朝鮮の高官の申叔舟《しんしゅくしゅう》▲という人が一四七一年に著わした書物におさめられている。十五世紀後半の朝鮮にとって、中国につぐ重要なつきあいの相手が、日本と琉球《りゅうきゅう》であった。その両国はどんなところであり、どうつきあったらよいかを述べた、一種のマニュアル本である。一四五三年に道安《どうあん》という博多商人がソウルにいって、いろんなことを物語り、あわせて地図も朝鮮側に提供している。その地図と道安の語った内容をあわせて、朝鮮でつくった絵地図が、『海東諸国紀』に載っている何枚かの日本・琉球地図と考えられる。

　その「日本国西海道九州之図」の、「山河浦」という文字の左下に「硫黄島」が描

▼**申叔舟**　一四一七〜七五年。朝鮮世宗《せそう》・世祖《せそ》朝の高級官僚・政治家。二七歳のとき外交使節として日本へ赴いた経験が、編著『海東諸国紀』に盛り込まれている。世祖のクーデタに中心的な役割を果たし、世祖政権で領議政《りょうぎせい》兼礼曹《れいそう》判書《はんしょ》(首相兼外相)にまでのぼりつめた。

かれ、下に小さな字で、「産二硫黄一、日本人採レ之、凡黄島皆産二硫黄一、日正照常有レ烟、島去二房御崎《ぼうのみさき》一十八里、去二上松《かみまつ》一一百三十八里」と書いてある。この島では硫黄を産し、日本人がそれを採取している、日が照ると煙が見える活火山であり、島の位置は坊津《ぼうのつ》南方の坊ノ岬から一八里、肥前《ひぜん》の上松浦《かみまつら》から一三八里の距離にある、というのである。

ここからわかることが二つある。一つは、十五世紀にも硫黄島産の硫黄を買いつけに日本人が船でやってきていたということ。実はこのころ、硫黄島の硫黄は日明《にちみん》貿易の主要な輸出品になっており、幕府は「硫黄使節」を島津《しまづ》領国に派遣して、硫黄を確保していた。これは島津氏が日明貿易の利益にあずかるきっかけになった。もう一つは、硫黄島から坊津をへて九州の西海岸を北上して上松浦へいたる航路があったこと。上松浦までくれば朝鮮半島はもう間近である。この航路は、海中を走る白い線として地図上に描かれている。

そしてこの航路、あるいは交易の道は、硫黄島が行止まりではなかった。この絵地図で、硫黄島の脇を通過して下のほうに航路が延びているが、それが図からはずれようとするところに、「指大島（大島を指す）」と書いてある。そこでこ

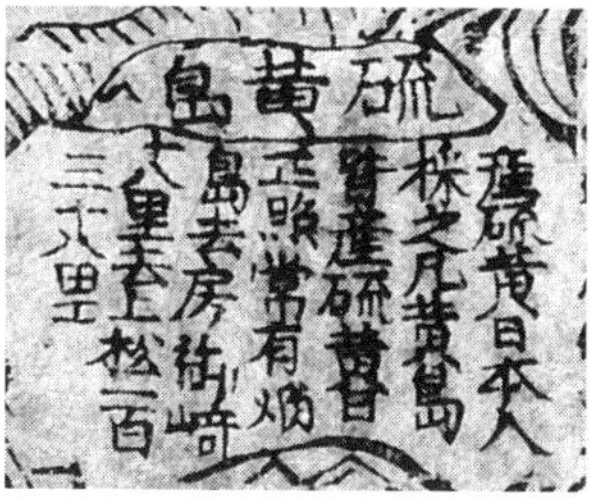


●──「日本国西海道九州之図」(『海東諸国紀』)
右は硫黄島の部分の拡大。

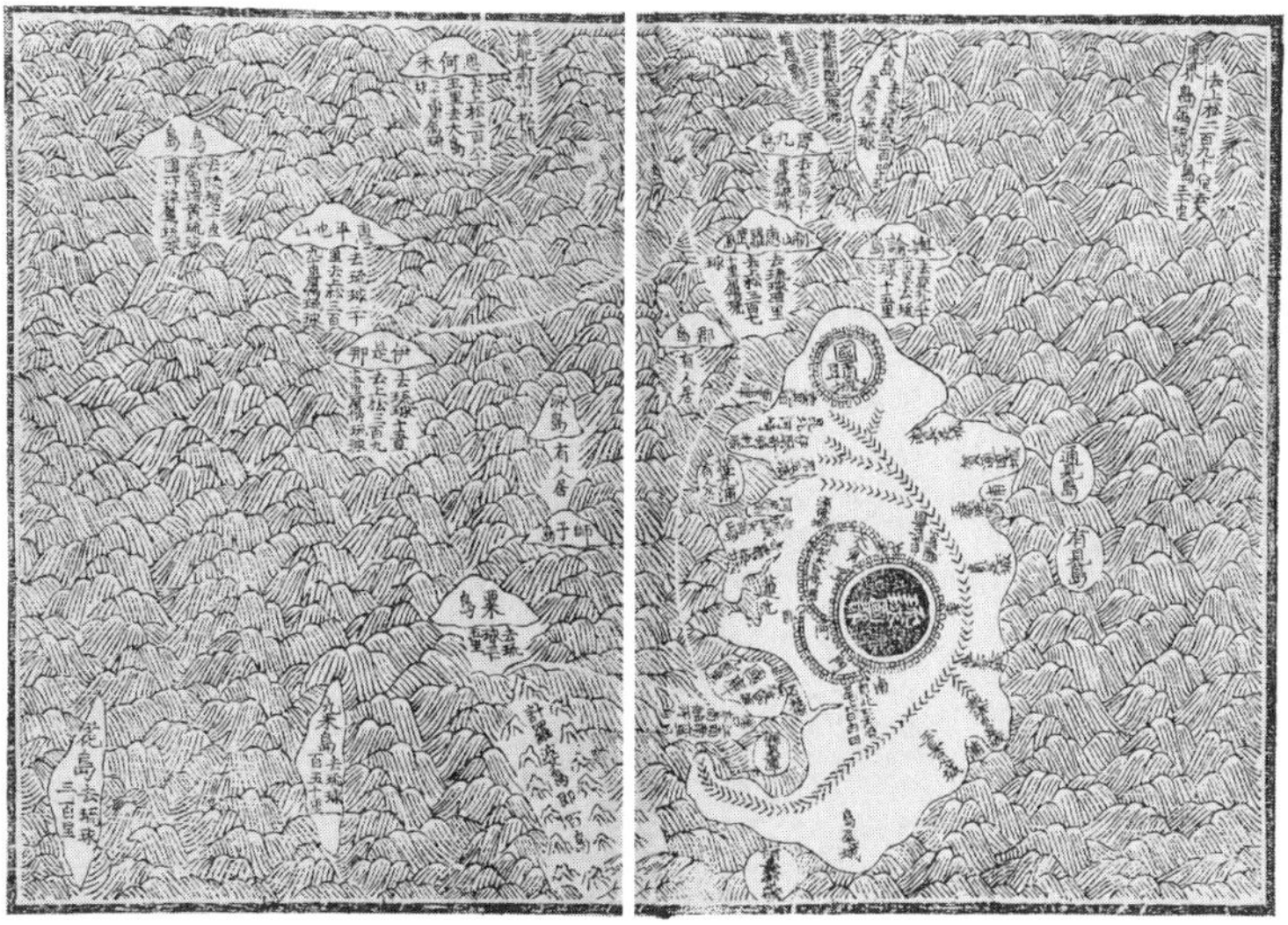

●──「琉球国之図」(『海東諸国紀』)

の図の南に接続する「琉球国之図」をみると、上の端に大島があり「属琉球」とあって、その左脇に「指赤間関《あかまがせき》・兵庫浦」「指恵羅武《えらぶ》」とある。赤間関は今の下関《しものせき》、兵庫浦は今の神戸、恵羅武は屋久島《やくしま》の脇にある口永良部島《くちのえらぶじま》である。そして大島から南に延びる航路の終点は那覇になっている。

こうして琉球にまでいたった海の道も、そこで終りではなかった。琉球はこの海域の中心として、中国と交易関係を結んでおり、さらには東南アジアにまでいたる壮大な海の道の起点であった。このように、鬼界が島を通過する海の道は、外へ外へとどこまでも広がっていくものであった。これが境界としての鬼界が島のもう一つの側面である。

## 「鬼界十二島」の変遷

鎌倉末期に成立した『平家物語』の一本「長門本《ながとぼん》」は、鬼界が島を「きかいは十二の嶋なれば、くち五嶋はにほんにしたがへり。おく七嶋はいまだ我てう（朝）にしたがハずといへり」と紹介する。鬼界十二島のうち「口五島《くちごとう》」までが日本の領域であり、その外にある「奥七島《おくしちとう》」には日本の支配がおよんでいなかったという。

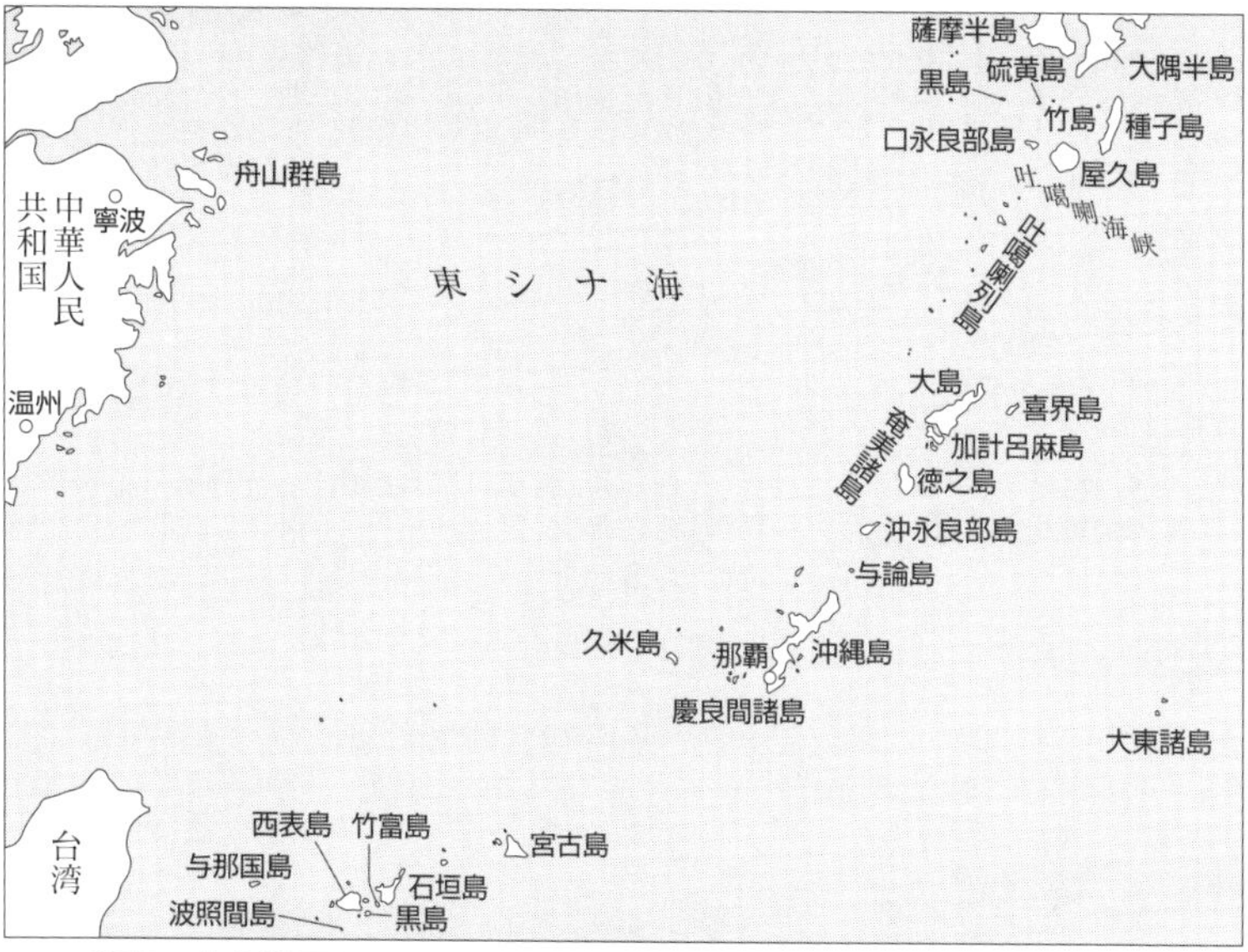


●──薩摩〜南島地図（大石直正・高良倉吉・高橋公明『周縁から見た中世日本』による）

●──硫黄島

口五島に竹《たけ》島・硫黄島・黒《くろ》島が含まれること、奥七島が吐噶喇《とから》列島をさすことは、諸説一致しているので、現在の吐噶喇海峡を「国境線」がとおっていたことになる。

ところが、ほぼ同時期の一三〇六(嘉元《かげん》四)年、薩摩国河辺《かわなべ》郡▲を本拠とする武士で、北条得宗《ほうじょうとくそう》の被官《ひかん》▲となっていた千竈《ちかま》▲時家《ときいえ》が、子女に配分した所領のなかに、口五島・わさの島・喜界島《きかいじま》・大島(以上嫡子貞泰《さだやす》分)、永良部島(二男経家《つねいえ》分)、七島(三男熊夜叉丸《くまやしゃまる》分)、徳之島《とくのしま》(女子姫熊《ひめくま》分)、屋久島下《しも》郡(女子弥熊《いやくま》分)という、南西諸島の島々の名があらわれる。ここには、吐噶喇列島に比定される「七島」はおろか、さらにその外の奄美《あまみ》諸島(大島・喜界島・徳之島)までが含まれている(『千竈文書』)。

このように、中世においては、畿内《きない》周辺の知識人層と周縁部の武士層とで、日本の境界に対する理解にずれがあった。中央の眼には日本の支配がおよばない異域とみえる空間であっても、「辺境《へんきょう》」の武士の眼には経済的果実を生む「所《しょ》領《りょう》」としてとらえられていた。その「所領」の構成からみて、千竈氏は琉球方面との交易にも関係していたとみられる。さらにその視線は、いち千竈氏にとど

**▼河辺郡**　薩摩国の薩摩半島西南部を主要な領域とする郡。その外延に竹島・硫黄島・黒島や吐噶喇列島を含む「鬼界十二島」が位置づけられていた。

**▼得宗被官**　北条氏の家督《かとく》を義《よし》時《とき》の法名にちなんで「得宗」と呼ぶ。その被官たちは、得宗家の権力が肥大化するにともなって、分厚い社会集団となり、本来は北条氏と身分的に対等だったはずの御家人《ごけにん》を押さえ圧倒し始める。その動きと並行して、得宗家は全国にわたって膨大な所領を集積していくが(得宗領)、とくに交通の要所や「日本国」の境界地域を意識的に占めている。

**▼千竈氏**　尾張《おわり》国千竈郷を本貫とする御家人であったが、得宗家に臣従し、薩摩国河辺郡をあたえられて下向・土着。北条氏滅亡後は島津氏に仕え、薩摩国出水《いずみ》郡長《なが》島《しま》に移封されて明治にいたる。

まらず、日本の東西の境界領域を掌握する戦略をもっていた北条得宗家にも共有されていた(東の境界領域にはやはり北条被官である安藤《あんどう》氏▲が配置され、蝦夷地《えぞち》との交易を管理していた)。

千竈時家の所領は、「薩摩国河辺郡地頭《じとう》御代官職《だいかんしき》幷郡司《ぐんじ》職」という名称で総括的に表現されている。それは、熊夜叉丸宛の時家譲状《ゆずりじょう》の袖に、「件《くだん》の村々、此の譲状に任せて、熊夜叉丸領掌せしむべきの状、件の如し」という文言と北条貞時《さだとき》▲の花押《かおう》がすえられていることが示すように、得宗家から給与されたものだった。「地頭御代官職」は得宗領の代官の地位をあらわす特別の名称で、一三二五(正中《しょうちゅう》二)年に安藤宗季《むねすえ》が書いた譲状には、「つかるはなハのこほりけんかしましりひきのかう、かたのへんのかう、ならひにゑそのさた、ぬかのふうそりのかう、なかはまのミまき、みなといけのちとう御たいくわんしき」とある(『新渡戸《にとべ》文書』)。

得宗領であった河辺郡には、薩摩守護《しゅご》島津氏も一定の権益を確保していた。一二二七(嘉禄《かろく》三)年、島津忠久《ただひさ》▲は同忠義《ただよし》に伊作《いさく》荘・河辺郡・指宿《いぶすき》郡の三カ所を除く「薩摩国地頭守護職」を譲った(『鎌倉遺文』三六二一号)が、この相続を安堵《あんど》し

▼**安藤氏**　陸奥《むつ》国津軽《つがる》を本拠とする武士団で、蝦夷地交易で富を築く商人的性格をもつ。北条義時のときから得宗被官となって、本州北辺の得宗領の管理を委ねられ、北条氏滅亡後も出羽《でわ》や道南《どうなん》に一族が繁茂した。古代のエミシに出自するという家伝をもつ点で、通常の中世武士と趣を異にする。

▼**北条貞時**　一二七一～一三一一年。父時宗《ときむね》の死(一二八四〈弘安《こうあん》七〉年)後執権《しっけん》となり、外祖父安達《あだち》泰盛《やすもり》、被官筆頭平頼綱《よりつな》をあいついで滅ぼして、得宗の専制政治をきわめた。

▼**島津忠久**　?～一二二七年。島津氏初代で、多く惟宗《これむね》を称した。薩摩・大隅・日向三国にまたがる大荘園島津荘の惣《そう》地頭であり、源頼朝の御家人となって三国の守護に任じられた。古くから頼朝落胤《らくいん》説があるが、島津荘の本家である近衛《このえ》家の家司《けいし》惟宗氏の出身か。

た藤原頼経《よりつね》の下文《くだしぶみ》▲によれば、「十二嶋地頭職」は河辺郡とは切り離されて、忠義の所領にいれられていた(同、三六七〇号)。「十二島地頭職」とは、文治《ぶんじ》年間(一一八五〜九〇)に源頼朝《みなもとのよりとも》配下の兵が「貴海島」に逃げ込んだ敵方を討ったいわゆる「貴海島征伐」の結果、成立したものと考えられる。それは頼朝によって、島津荘薩摩方の寄郡《よりごおり》▲河辺郡の延長として、島津氏にあたえられた。

やがて河辺郡は、承久《じょうきゅう》の乱《らん》▲を契機として得宗の手に帰す。得宗の所帯は、一三五二(観応《かんのう》三)年の足利直冬《あしかがただふゆ》▲下文に「河辺郡地頭郡司職得宗跡」とある(『南北朝《なんぼくちょう》遺文　九州編』三三一七号)ように、地頭・郡司両職であった。このうち十二島地頭職は島津氏が相伝したから、得宗が保持したのはそれ以外の部分の地頭職と河辺郡全体の郡司職である。したがって千竈氏がもっていたのも、十二島を除く地頭代官職と、郡全体の郡司職であった。その郡司職は、実際には十二島を超えて奄美諸島にまで広がっていた。これに対して島津氏の十二島地頭職は、鎌倉時代には虚名を保つにすぎなかった。

一三三三(元弘《げんこう》三)年鎌倉幕府(得宗権力)が滅亡すると、十二島は名実ともに島津氏のものとなった。一三五六(延文《えんぶん》元)年に将軍足利義詮《よしあきら》▲が島津貞久《さだひさ》の所領

**▼藤原頼経下文**　頼経(一二一八〜五六年)は関白《かんぱく》九条道家《くじょうみちいえ》の子。一二一九(建保《けんぽう》七)年の実朝《さねとも》の死後、鎌倉殿に迎えられ、一二二六(嘉禄二)年将軍に就任。しだいに御家人の信望を集めて北条得宗家と対立するようになり、一二四四(寛元《かんげん》二)年幕府に対して謀叛《むほん》を企てた廉で将軍職を追われた。彼の発する下文には、主君たることを明示する袖判《そではん》がすえられている。御家人の家の相続は将軍の下文によって安堵された。

**▼島津荘寄郡**　薩摩・大隅・日向三国にまたがる島津荘は、国衙《こくが》支配下の郡郷《ぐんごう》が荘領によせられる形で拡大していった。これを寄郡という。

**▼承久の乱**　一二二一(承久三)年、後鳥羽上皇は討幕の命令を発し、西国《さいごく》の守護や御家人を軍事動員したが、北条泰時《やすとき》率いる幕府軍にあえなく敗れ、隠岐《おき》に流された。

を安堵した下文に、十二島地頭職がみえる(『南北朝遺文　九州編』三八九一号)。さらに、一三六三(貞治《じょうじ》二)年に貞久が師久《もろひさ》に譲った所領のなかに「薩摩国河辺郡同拾弐嶋此外五嶋」があり(同、四四六七号)、この時点では島津氏は十二島以遠の五島(奄美諸島をさすか)までも含む河辺郡の全体を知行《ちぎょう》していると主張していた。この主張が、鎌倉末期における得宗領河辺郡の膨張を引き継いだものであることは、想像にかたくない。

## 薩摩と琉球

以上のように十四世紀、日本国の西の境界は徳之島の線まで押し広げられた。しかしこれが中世における最大であって、十五世紀になると、ふたたび吐噶喇列島まで後退する。それを明示するのが、一四七一年成立の『海東諸国紀』所収の絵地図である(六九ページ参照)。

まず「琉球国之図」をみると、沖縄本島の東北方にある島々のうち、小崎《おき》恵羅武(沖永良部)島・度九《とく》島(徳之島)・大島・鬼界(喜界)島にいずれも「琉球に属す」という注記がある。一方「日本国西海道九州之図」では、臥蛇《がじゃ》島の注記に「日

この承久の乱の結果、後鳥羽方についた人びとの所領が大量に没収され、幕府方の武士に恩賞《おんしょう》としてあたえられた。

▼**足利直冬**　尊氏《たかうじ》の長子であるが、母の身分の低さから家督になれず、尊氏の弟直義《ただよし》の猶子《ゆうし》となる。十四世紀半ばの観応の擾乱《じょうらん》に際して九州へ下向し、大宰府《だざいふ》を本拠とする少弐《しょうに》氏と結んで、一時期半独立政権を樹立した。

▼**足利義詮**　一三三〇～六七年。尊氏の嫡子、直冬の異母弟。一三五八(延文三)年、尊氏の死後第二代将軍となる。

本・琉球に分属す」とある。この情報の源は『朝鮮王朝実録』端宗《たんそう》元（一四五三）年五月丁卯《ていぼう》条に載せる博多商人道安の見聞談である。

道安はこの年、琉球国中山王《ちゅうざんおう》▲の使者としてソウルを訪れ、礼曹《れいそう》（朝鮮の外交担当部局）の質問に答えて琉球国のようすを語った。それによると、一四五〇年に四人の朝鮮人が臥蛇島に漂着したが、「島は琉球・薩摩の間に在り、半ばは琉球に属し、半ばは薩摩に属す。故に二名は則ち薩摩人これを得、二名は則ち琉球国王の弟、兵を領して岐浦島《きかい》（喜界島）▲を征せしにこれを見、買いて国王に献ず」という。

十五世紀半ばに行われた琉球による征服戦争の結果、奄美諸島はその支配に服していた。そして臥蛇島あたりがなかば琉球、なかば薩摩に属する境界領域だった。だからこの島に漂着した四人は、薩摩と琉球に二人ずつ分けられたのである。

拡大してきた日本の境界を押し戻した力とは、琉球の統一であった。十四世紀から十六世紀にかけて、沖縄本島で中山・山南《さんなん》・山北《さんほく》の三国が首里《しゅり》▲を都とする一つの国家に統合され、ついでその新国家が、東は奄美諸島から西は台湾の

▼**琉球国中山王**　琉球国王の正式名称。七九ページ図キャプション参照。

▼**岐浦島（喜界島）**　「浦」を朝鮮固有語でカイというので、「岐浦」はキカイを音写したものであろう。

▼**首里**　現在は沖縄県那覇市の一地区となっているが、十五世紀前半以降の琉球王国の首都。海を見おろす丘陵上にあり、那覇はその外港であった。

▼**尚徳王**　第一尚氏王朝最後の国王。尚泰久王《しょうたいきゅうおう》の三男。在位一四六〇～六九年。朝鮮に使者を派遣して大蔵経《だいぞうきょう》を贈られ、マラッカとの通交を開始し、喜界島に親征し、足利義政《よしまさ》に使節を送るなど、

となりの与那国島《よなぐにじま》までを版図《はんと》に繰り込んでいく、という動きが進行していた。この段階での日本の西の境界は、もはや、その先は異域であって人の住む世界ではない、というようなものではなく、その外に琉球という文明国家が登場していた。

琉球が東へと押し戻した境界も、そのまま安定したわけではない。一四六六年には琉球の尚徳王《しょうとくおう》▲が喜界島の「賊」を討ち、別に酋長を立てて、百姓《ひゃくせい》をおさめさせた（『中山世譜《ちゅうざんせいふ》▲』五）。この「賊」が薩摩と通じていた可能性は高い。一四九三年に博多の僧梵慶《ぼんけい》が朝鮮にもたらした琉球国王尚円《しょうえん》▲名の外交文書に、「琉球の附傭である大島に、近年日本の甲兵がやってきて、島を奪おうとし、多くの戦死者がでたが、一〇回に八、九回は琉球が勝利した」と記されている（『朝鮮王朝実録』成宗《せいそう》二十四年六月戊辰《ぼしん》条）。一五三七年にも、尚清王《しょうせいおう》は兵を発して大島を征し、酋長の一人与湾大親《ゆわんうふおや》を滅ぼした（『中山世譜』七）。

一五二九年を初見として、奄美諸島地域にも沖縄本島に残るのと同じ様式の琉球国王発給文書（辞令書）が残されており、ようやくこのころ本島なみの支配が実現されたことを知る。

積極外交を展開。父王の家臣《かしん》であった金丸《かなまる》（のちの尚円王）のクーデタで滅んだ。悪王であったと記録されているが、信憑性は低い。

▼『中山世譜』　一六五〇年に向《しょう》象賢《しょうけん》（羽地朝秀《はねじちょうしゅう》）が編纂したかな書きの『中山世鑑《せいかん》』につぐ琉球王府の正史《せいし》。一七〇一年に蔡鐸《さいたく》が『世鑑』を漢訳・補訂し（蔡鐸本）、二四年に鐸の子温《おん》が増訂し（蔡温本）、さらに追記がなされた。『琉球史料叢書』所収。

▼尚円王　第二尚氏王朝の創始者。在位一四六九〜七六年。初名金丸。第一尚氏の尚泰久王に重用されていたが、その子尚徳王にうとまれ、内間《うちま》村に隠棲。尚徳死後、群臣に推され王位に就いたとされるが、事実は金丸一派によるクーデタとみるべきか。即位後の朝貢《ちょうこう》に際して「尚徳王世子尚円」と称しており、クーデタが明朝側に発覚し朝貢貿易に影響がでるのを懼れたと思われる。

●—尚円王御後絵《おごえ》

●—第一尚氏

- 1 尚思紹—2 尚巴志
  - 3 尚忠—4 尚思達
  - 5 尚金福—志魯
  - 布里
  - 6 尚泰久—7 尚徳

●—第二尚氏　太字は次ページの「玉御殿《たまうどん》の碑文」に刻まれている人。その子孫のみが玉御殿に葬られる資格を有する、と碑文は述べている。

- 尚稷
  - 1 尚円（妻：**オギヤカ**）
    - **音智殿茂金**
    - **3 尚真**（妻：思戸金按司加那志、居仁）
      - **4 尚清**—5 尚元
        - 6 尚永
        - 尚久—8 尚豊→
      - **尚韶威**
      - **尚竜徳**
      - **尚享仁**
      - **尚源道**
      - **真鍋樽**
      - 尚維衡—尚弘業—尚懿—7 尚寧
      - 尚朝栄（居仁）
  - 2 尚宣威

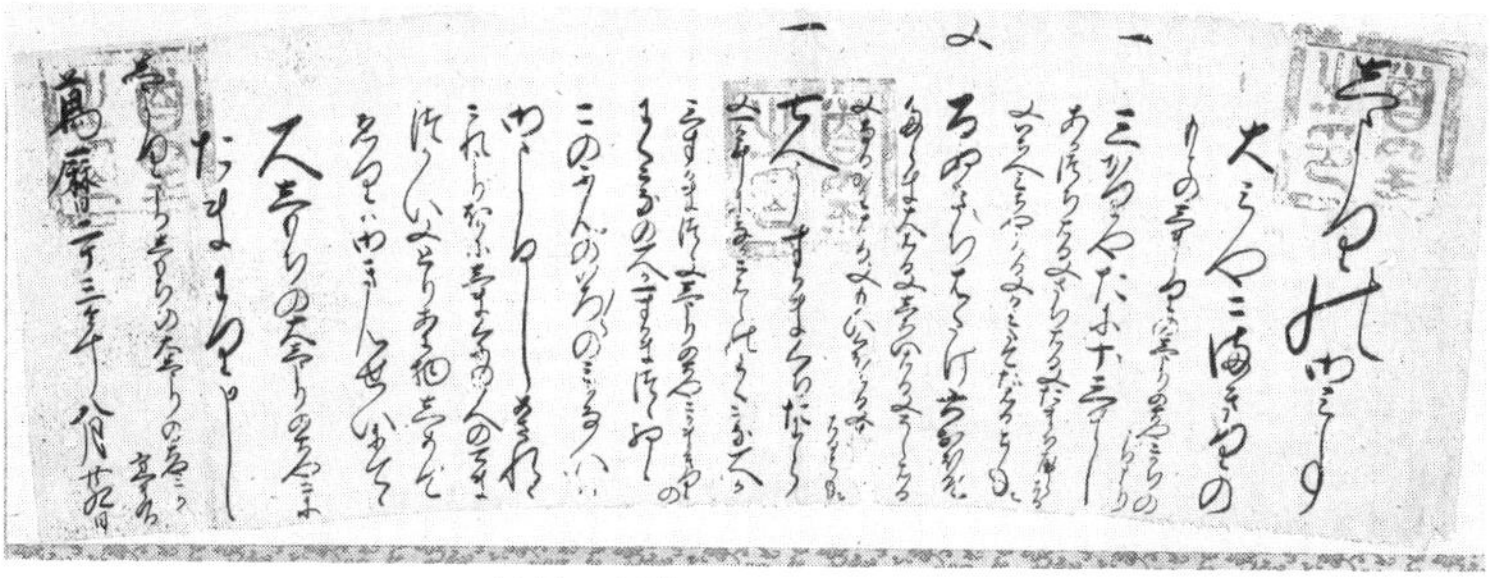

●──辞令書　琉球国王が臣民《しんみん》や神女《しんじょ》に官職や土地支配権を付与する際に発した文書。古琉球期には，平かなを主体とする文体で書かれ，書出しを「しよりの御ミ事」とし，奥に明年号による年月日が記され，文頭・年号の上など数カ所に「首里之印」という印文《いんぶん》の方形朱印《しゅいん》が捺される。

●──琉球の三山(高良倉吉『琉球王国』による)
13～14世紀，沖縄本島には山北・中山・山南の3つの小王国(これを三山《さんざん》と総称する)が分立していた。1368年の明成立後，三山はそれぞれに明と冊封関係を結び，覇を競ったが，しだいに中山が他を圧倒するようになり，1420年代に尚《しょう》巴志《はし》が三山を統一した。以後も琉球国王の正式名称は「琉球国中山王」である。

●──玉御殿《たまうどん》の碑文

▼冊封関係　中国の天子《てんし》が周辺諸国の王を臣下《しんか》に封ずることによって成立する国際関係の型。島津氏の征服後も、琉球で王の交代があると、明(ついで清)から冊封使が派遣されて、王位の継承を国際的に承認した。

ところが十六世紀後半の日本で、戦国の分裂状況を克服して統一権力が生まれ、島津氏はそれに屈服し、従属することで生き延びることができた(一五八七〈天正《てんしょう》十五〉年)。そして一六〇九(慶長《けいちょう》十四)年、島津氏は統一権力の承認のもと、琉球を軍事占領し、奄美諸島以東を自己の領土にさきとった。琉球王国自身は、沖縄本島以西を版図として、島津氏になかば従属する形ながら存続を認められた。この時点で日琉の境界線は与論島と沖縄本島のあいだに引かれた。鹿児島・沖縄両県の県境はこれを引き継いでいる。

しかし、江戸時代には完全に日本領となったかにみえる七島(吐噶喇列島)でさえ、境界的性格を失ってはいなかった。

琉球の宗主国《そうしゅこく》である明は、薩摩の琉球征服後も琉球に対する冊封《さくほう》関係▲を維持しつつ、琉球が薩摩(日本)と関係をもつことを黙認していた。しかし一六四四年に清《しん》が明に取ってかわると、琉球・薩摩の双方にとって、おたがいの関係を清に対して隠蔽する必要が生じた。

そこで琉球は清に対して、「吐噶喇国」(あるいは七島とも宝島ともいった)との通交という説明で日本との関係を覆い隠した。たとえば、一六八三年に琉球にきた清朝の冊封使汪楫《おうしゅう》は、帰国後、「琉球は日本と去ること遠からず、時に有無を通ずるも、而も国人甚だ之を諱《い》む、絶えて是の国（日本）あるを知らざる者の若《ごと》し、惟々《ただただ》云う、七島人と相往来すと」と記している（『使琉球雑録《しりゅうきゅうざつろく》』）。

また七島衆《しちとうしゅう》▲も、清の冊封使に対して、七島を琉球の属地であると説明し（同）、自己が担っている琉球・薩摩間の交易を、琉球の内国交易のように偽装した。この行動はもちろん薩摩の指示に従ったものであり、薩摩の背後には、「（琉球は）前々より唐へ相従い、その衣冠等受用致す体《てい》に候間、その通りに仕るべし」という、江戸幕府の琉清関係容認政策があった（『琉球御掛衆愚按之覚《おかかりしゅうぐあんのおぼえ》』）。七島は、清に対してはあくまで琉球の属島であり、各島の頭目が清の冊封使と対面し、進物・返物の贈答を行うよう位置づけられた島々であった。薩摩が七島に設置し、「琉球国司《こくし》」と対応させた「七島郡司《ぐんじ》」とは、これを薩摩側から把握した制度であった。

このような虚構が江戸時代を通じて存続しえた背景には、薩摩の思惑だけでなく、中世以来七島衆がつちかってきた、薩琉間の交易主体としての蓄積があった。一六三二（寛永《かんえい》九）年にいたってもなお、薩摩藩家老《かろう》は琉球在番奉行《ざいばんぶぎょう》▲に対

▼**七島衆**　吐噶喇列島に本拠をおく船持商人。薩摩・琉球間の交易の担い手として活躍した。

▼**琉球在番奉行**　鹿児島から派遣されて那覇の役所に駐在し、琉球王府の監督にあたった薩摩藩の役人。

して、薩摩の借銀要請に応じない七島衆の琉球渡航を許可しない旨を伝えている（『薩藩旧記《さっぱんきゅうき》雑録』▲後編巻八四）。七島衆が貿易で蓄積した富の大きさと、薩摩の支配に対する一定の自立性をうかがうことができる。

▼**『薩藩旧記雑録』**　正式名称は『旧記雑録』。島津氏・薩摩関係史料を年代順にならべた膨大な史料集で、前編四八巻・後編一〇二巻・追録一八二巻・附録三〇巻の四部三六二巻からなる。幕末《ばくまつ》から明治にかけての薩摩藩の史学者伊《い》地知《じち》季安・季通父子が書写・編纂した。『鹿児島県史料』所収。

# ⑤ 元禄時代の「竹島問題」——竹島一件

## 「竹島(独島)論争」と国境観念

竹島《たけしま》(独島《トクト》▲)問題の歴史的検討をめぐる日韓の対立点の一つに、一六六七(寛文《かんぶん》七)年に出雲藩《いずもはん》士《し》斎藤《さいとう》豊宣が著わした『隠州視聴合記《いんしゅうしちょうごうき》』▲のつぎの部分(巻一、国代記の冒頭)の解釈がある。文中、「松島《まつしま》」は現在の竹島(独島)、「竹島」は現在の鬱陵島《うつりょうとう》▲である。

(一)隠州は北海中に在り、故に隠岐嶋《おきのしま》〔と云う〕。……(二)是《こ》れより南、雲《うん》州美穂関《みほがせき》に至る、三十五里。(三)辰巳《たつみ》(南東)、伯《はく》州赤碕浦《あかさきうら》に至る、四十里。(四)未申《ひつじさる》(南西)、石《せき》州温泉津《ゆのつ》に至る、五十八里。(五)子《ね》(北)より卯《う》(東)に至る、往くべきの地なし。(六)戌亥《いぬい》(北西)の間、行くこと二日一夜にして、松島あり。又一日程にして竹島あり。(割注略)此《こ》の二島は無人の地にて、高麗《こうらい》を見ること雲州より隠岐を望むが如し。(七)然れば則ち、日本の乾《いぬい》の地、此の州を以て限りと為す矣。

この同じ史料を、一方は竹島(独島)が韓国領であることの根拠とし、他方は

▼**竹島(独島)**　鬱陵島の東南東九二キロ、隠岐島の北西一五七キロにある面積〇・二三平方キロの無人島。一九五二年、韓国大統領李承晩《りしょうばん》はこの島を取り込む形で公海上に外国漁船立入禁止線(いわゆる李承晩ライン)を設定。一九六五(昭和四十)年の日韓漁業協定により李ラインが廃止されて以後も、韓国による占拠が続いている。これに対して日本は国際法上の先占権を根拠に領有を主張し、歴史をさかのぼって「どちらのものか」をめぐる論争が続いている。

▼**『隠州視聴合記』**　出雲藩士斉藤豊宣(「豊仙」は誤り)著の隠岐国地誌。『続々群書類従』ほか所収。

▼**鬱陵島**　ウルルンド。朝鮮半島東岸から東へ一三〇キロ程の日本海中にある面積七三・一五平方キロの島。羽陵《ウルン》・蔚陵《ウルルン》・武陵《ムルン》・芋陵《ウルン》などとも呼ばれる。竹が特産品で、江戸時代における日本側の呼称「竹島」もこれにちなむ。

●竹島・鬱陵島の位置

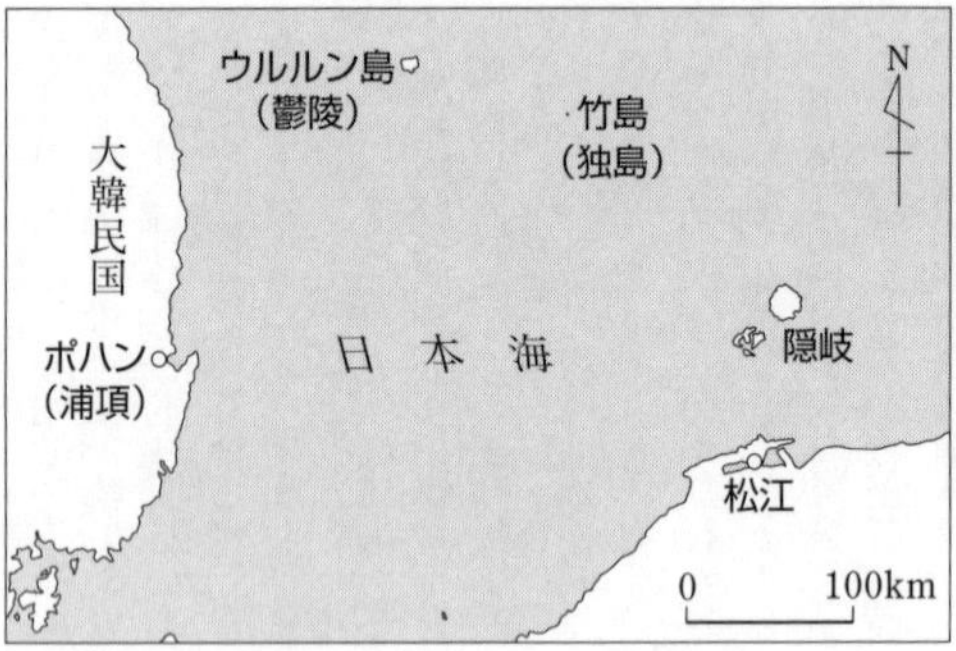


同島が日本領であることの根拠とする。それぞれの代表として、韓国独島学会会長でソウル大学校教授の慎鏞廈《シンヨンハ》と、拓殖大学教授の下條正男の論述を読んでみよう（傍線は村井が加えた）。

　日本の文献の中で鬱陵島と一緒に独島が最初に登場するのは、一六六七年に編纂された『隠州視聴合記』である。……この本に次のような文がある。「……この二つの島は無人島で、高麗の国を前にするのは、雲州が隠岐を前にするのと同じである。だから日本の西北の境地はこの隠州と思う。」……それ故に、日本の西北の国境は隠岐島とみなすとしている。日本で一番古い独島に関する記録が、独島は高麗の領土であり、日本の境界の外にあるという事実を明らかにした。（慎鏞廈『史的解明　独島（竹島）』韓誠訳、インター出版、一九九七年、七〇〜七二ページ）

　斎藤豊仙は（二）以下で、隠岐島を起点として、隠岐島からの方位と距離を記し、隠岐島とその周辺の地域との地理的関係を示していたのである。そして（六）では、隠岐島から見て、北西の間にある日本の領土として松嶋（現在の竹島）と竹嶋（現在の鬱陵島）を挙げ、そこからは、雲州（出雲）から隠

●—竹島(独島)

●—鬱陵島道洞港

●—隠岐島福浦　松島・竹島への渡口。

州(隠岐島)が見えるように高麗(朝鮮)が見える、とその地理的特性を示したのである。したがって、この論法からすれば、(七)に記された「此州」がどこの島を指しているのかは明白である。(下條正男『竹島は日韓どちらのものか』文藝春秋、二〇〇四年、一七〇ページ)

このように、(七)の「此の州」がどこをさすかをめぐって、慎が隠岐と解するのに対して、下條は竹嶋(鬱陵島)と解する。そのうえで、傍線部にみられるように、慎は、日本の限りが隠岐であるから、その外の竹島(独島)や鬱陵島は高麗(朝鮮)の領土であった、と主張し、下條は、日本の西北の限りである鬱陵島は日本の領土であり、それより隠岐に近い竹島(独島)が日本領だったことは自明だとするのである。

しかし、日本側が隠岐を日本の西北の限りと認めていたとしても、それがただちに、松島や竹島が高麗の領土だったことの証拠とはならない。現代ですら、誰のものでもない「公海《こうかい》▲」という概念が広く認められているのであるから、前近代にさかのぼれば、国家と国家のあいだには、島をも含めて、誰のものでもない空間が広がっていたことはいうまでもない。むろん、慎の根拠は『隠州視聴

▼**公海**　各国の「領海」の外側にあって、特定国家の主権に属さず、各国が共通に使用しうる海洋。

合記』だけではない。五一二年に新羅《しらぎ》が鬱陵島にあった「于山《うさん》国」を併合したとき、「その周辺の島である独島」も「わが国固有の領土」となり、その後太宗《たいそう》十七（一四一七）年に、朝鮮朝廷で独島の名称が「于山島」に確定したのだという。しかし、人も住めない絶海の孤島が六世紀から朝鮮国家によって認識されていた、などという非歴史的な見方には、とうていついていけないし、中世以前の「于山国」「于山島」が鬱陵島の別名であることは多くの証拠がある。

他方、「此州」が下條の解釈のように鬱陵島をさすとしても、『隠州視聴合記』の「日本の乾の地、此の州を以て限りと為す」という文章は、はたして鬱陵島までが日本の領土だという意味なのだろうか。そうだとしたら、十七世紀末に江戸幕府はいともかんたんに領土を朝鮮に引き渡してしまったことになるが、それほど幕府はお人好しだったのだろうか。

## 竹島（鬱陵島）という場の性格

そこで、十七世紀に日本側が実際にどのように竹島（鬱陵島）とかかわっていたのかをみておく必要がある。これについては池内敏の簡潔な記述を借用する。

**▼于山国・于山島**　「于山国」が鬱陵島ないし同島にあった国をさすことは、『三国史記《さんごくしき》』第四に「于山国、在溟州東海島、或名鬱陵島」とあることから明らか。朝鮮王朝の太宗朝（一四〇一～一九）にいたって、「于山」と「武陵」（鬱陵島）を「二島」と解する史料が現れるが、そこでの「于山島」には、大竹・水牛皮・生苧・綿子・検樸木などの産物があり、一五戸に八六人の男女が生活していた（『太宗実録』十七年二月壬戌《じんじゅつ》条）。この于山島がすなわち岩ばかりの小島にすぎない独島（竹島）だと、韓国側は主張している。

一五世紀以後、朝鮮王朝は鬱陵島の空島化政策をとって朝鮮人の居住・渡航を禁止したから、この島は、元禄《げんろく》五年（一六九二）に朝鮮人と日本人が競合・衝突するまでは無人島のごとき様態を呈した。日本人はこの島を竹島ないしは磯竹島《いそたけしま》と呼び、島からは朝鮮人参・大竹などの珍品や良材、周辺海域からは鮑《あわび》・海驢《あしか》（海鹿）などが得られた。一六世紀末から一七世紀初めの時期、因幡《いなば》から対馬《つしま》にいたる山陰地方沿岸部の人々には竹島（鬱陵島）渡海の可能性があり、藩領を越える広範な各地に潜在的に競合する勢力があったから、鳥取藩領米子《よなご》の町人大谷甚吉《おおやじんきち》・村川市兵衛《むらかわいちべえ》は幕府の免許を求めた。それが寛永《かんえい》二年（一六二五）の「竹島渡海免許」であった。競合する勢力を排除したり配下に収めたりしながら、大谷・村川は竹島渡海の利権を排他的に確保していった。約七〇年間のそうした活動は、元禄五年から数年に及ぶ朝鮮漁民との競合・衝突と、それらを解決する過程で出された元禄九年の竹島渡海禁令によって終息した（元禄竹島一件）。

　米子の町人が竹島（鬱陵島）に注目するにいたったきっかけは、米子で廻船《かいせん》の家業を営んでいた甚吉という者が、越後《えちご》よりの帰途、偶然竹島（鬱陵島）に漂着したことにあったという。同島に人家がなく、経済的価値が豊かであることを確認した甚吉は、米子に帰還後、鳥取藩主池田光政《いけだみつまさ》▲に「竹島渡海」を願い出、その旨が光政から幕府に伝えられ、一六二五(寛永二)年五月、光政宛の老中奉《ろうじゅうほう》書《しょ》▲という形式で、米子町人村川・大谷両人に竹島(鬱陵島)への渡海が許可された(以上、『竹島渡海御由来記抜書控《ごゆらいきぬきがきひかえ》』)。

以上の経緯からわかるように、幕府は竹島(鬱陵島)で村川・大谷が経済活動を行うことを許可しただけで、この措置がただちに竹島(鬱陵島)の日本領編入を意味するわけではない。免許以前の一六二〇(元和《げんな》六)年、ひそかに磯竹島(鬱陵島)に渡海して居住していた対馬の商人二人が、将軍秀忠《ひでただ》の命によって対馬藩士に捕縛され、伏見《ふしみ》へ送られている(『対州編稔略《たいしゅうへんねんりゃく》▲』)。空島となっていた竹島(鬱陵島)に日本人が渡航して漁業を営んでおり、それを通じて島の存在が幕府の認識にはいっていた。『隠州視聴合記』の「限りと為す」という語は、そのような状況をいったものと解すべきであり、そこまでが日本の排他的な領土だという意味ではない。そしてそのことを幕府は十分承知していたのである。

むろん、この問題を領土問題として扱おうとする意見が、当時から存在した

▼**池田光政** 一六〇九〜八二年。一六一七(元和三)年岡山藩から因幡・伯耆両国三二万石に減封され、鳥取城にはいる。一六三二(寛永《かんえい》九)年岡山藩主に復帰。好学の名君として著名で、『池田光政日記』を残した。

▼**老中奉書** 江戸幕府の老中が連署し、将軍の意を奉じてだす書状様式の文書。おもに大名に宛てて法令伝達などの重要な内容に用いられた。

▼**『対州編稔略』** 一七二三(享《きょう》保《ほう》八)年、対馬の人藤定房《ふじさだふさ》(著名な国学者《こくがくしゃ》斉延《なりのぶ》の子)が著わした対馬の年代記。長崎図書館本には一七三一(享保十六)年までの追補がある。東京堂出版から史料編纂所本の影印版がでている。

ことは、注意しておかなければならない。最初対馬藩内部では、対朝交渉に臨む姿勢として、つぎのような意見が支配的であった(『竹島記事▲』元禄六〈一六九三〉年十一月一日条)。

鬱陵島を日本にて竹島と申すにいたし候ても、壬辰《じんしん》の乱《らん》已後朝鮮より只今迄捨て置き、日本より年久しく支配成し来られ候故、鬱陵島にいたし候ても、朝鮮国より申し分これあるまじき事に候。土地の変は日本・朝鮮ばかりにも限り申すまじく候。已前他国の地にても、久しく此方へ属し候ては此方の地に候。

しかしこうした論調が交渉のなかで主流を占めることはなかった。対馬側の交渉当事者である阿比留惣兵衛《あびるそうべえ》が、朝鮮側で同じ立場の朴再興《ぼくさいこう》に返答したなかに、「唯今《ただいま》使者御渡海の刻、嶋の争論入らざる事に候」という文言がある。ここにみえる「嶋之争論」という言葉は、領土紛争に近い意味で使われている。阿比留としては、問題をそういう領域に引き込みたくなかったのである。

他方、朝鮮側も、日本側の要求を受けいれて朝鮮漁民の鬱陵島渡海を禁じることには同意したが、日本側のいう「竹島」と鬱陵島との異同をあいまいにした

▼**『竹島記事』**　一七二六(享保十一)年、対馬藩士越常《こしつね》右衛《え》門《もん》の編纂になる「竹島一件」関係史料集。国立公文書館内閣文庫に二種類の写本がある。未刊。

ままで、そこが「弊境之鬱陵島」であることを外交文書中に明記する、という案を示した。前年の癸酉《みずのととり》（一六九三、元禄六・粛宗《しゅくそう》十九）年十二月付で朝鮮側が作成した対馬州太守《たいしゅ》宛の礼曹参判《れいそうさんぱん》▲書簡に、つぎのような一節がある（『竹島記事』元禄七〈一六九四〉年正月十五日条。『通航一覧《つうこういちらん》▲』巻一三七にも収める）。

弊邦は海禁至りて厳しく、東浜海の漁民を制して、外洋に出ずるを得ざらしむ。弊境の蔚陵島と雖も、また遼遠の故を以て、切《すべ》て意に任せて往来するを許さず。況んやその外をや。今此の漁船、敢えて貴界の竹島に入り、領送を煩わし、遠く書諭を勤むるに致る。隣好の誼《よしみ》、実に欣感する所なり。

蔚（鬱）陵島と竹島が異名同島であることを十分承知しつつ、両者が別の島であるかのようなふりをすることで、「鬱陵嶋と申す儀を書き顕わし、名目は朝鮮に残し」、日本側が名をすてる見返りとしては、「土地は日本に相附け候仕方」をもいとわない、というのが、礼曹参判書簡の趣旨として朴再興が説明したところであった。

それでもなお対馬は「鬱陵島」の文字を削ることに固執したが、朝鮮側は、この点だけは「たとい亡国に罷り成り候とも」頑として譲らなかった（以上、『竹島記

▼**礼曹参判**　頭注「礼曹」（五八ページ）参照。

▼**『通航一覧』**　江戸幕府が林家《りんけ》を中心に、幕末《ばくまつ》の対外危機への対処の一環として編纂した近世対外交渉史料集。全五二三巻。正編は国書刊行会、続輯は清文堂出版より刊行。

▼南人から少論へ　当時朝鮮では党争が熾烈に戦われ、十六世紀末に大きく東人《とうじん》と西人《せいじん》に分かれていたものが、さらに、東人は北人《ほくじん》と南人、西人は老論《ろうろん》と少論に分裂した。竹島一件の前後で、政権は西人→南人→少論と移り変わり、そのたびに政策が大きくふれた。

事』元禄七年正月十五日条）。そうこうしているうちに、阿比留が状況報告と対策検討のため、いったん対馬に帰っていた一六九四年四月、朝鮮で政変が起きた。対馬・日本に対して融和的な南人《なんじん》▲派政権が国王粛宗の逆鱗にふれて退陣し、強硬論を唱える少論《しょうろん》▲派政権へと交代したのである。その結果、朝鮮側の方針は、南人派政権が実現をはかった玉虫色の解決から一転して、鬱陵島を朝鮮の排他的な領土として日本側に認めさせることを目標とするものになった。

## 「嶋之争論」と「両国誠信之儀」

幕府は、対馬・朝鮮間の交渉の過程で、当初は外交文書から「弊境之鬱陵島」の文字を削るよう朝鮮側に求める方針を、対馬に示していた。しかし、朝鮮側の姿勢が硬化するなかで、現地の状況をより正確に把握する必要を感じ、一六九五（元禄八）年末に、老中から鳥取藩江戸藩邸に対して、つぎのような質問を発した（『旧鳥取藩文書』）。

一、因《いん》州・伯《はく》州へ付き候竹島は、いつの比《ころ》より両国の附属に候や、先祖に領地下さるる以前よりの儀に候や、但《ただ》その後よりの儀に候やの事。

鳥取藩江戸藩邸はただちにつぎのように回答した（同）。

一、竹島は因幡・伯耆《ほうき》附属にてはござなく候。伯耆国米子の町人大屋（谷）九《きゅう》右衛《え》門《もん》・村川市兵衛と申者渡海仕《つかまつ》り候儀、松平新太郎《まつだいらしんたろう》（池田光政）領国の節、御奉書を以て仰せ出だされ候旨、承り候。それ以前渡海仕り候儀も、これある様には承り及び候えども、その段相知れ申さず候事。

この回答を受けて、幕府の最終方針が、老中から「因伯《いんぱく》の御太守」池田伯耆守に宛てた「御奉書」という形で示されたのは、一六九六（元禄九）年正月二十八日のことであった（『竹島渡海御由来記抜書控』）。

先年松平新太郎因州・伯州領知の節相窺い、伯州米子の町人村川市兵衛・大谷甚吉竹島へ渡海致し、爾今《じこん》漁を致し候と雖も、向後《こうご》竹島へ渡海の儀、制禁申し付くべき旨、仰せ出だされ候。その趣を存ぜらるべく候。

江戸幕府が「竹島渡海制禁」に踏み切ったのは、竹島（鬱陵島）に対する日本側の権益が、米子の町人の船が渡航して漁労・採集を行うという用益権にとどまり、鳥取藩の「附属」ではないことを確認したからであった。そのことは、同年、対馬藩が幕府の意を受けて朝鮮側に手交した覚書に、「彼の島の儀、因幡・伯耆へ附属と申すにてもこれなく、日本へ取り候と申すにてもこれなし。空島に候ゆえ、伯耆の者罷り渡り漁を致し候迄に候」と明記されている(『竹島考証』)。これ以降、日本人の竹島(鬱陵島)渡航は禁止され、「元禄竹島一件」は終りを告げた。

以上の日朝交渉の過程で、「誠信」という言葉をキイワードとして双方が使っていることは、注目に価する。

朝鮮側では、一六九四年正月に交渉担当者の朴再興が対馬藩に述べた口上のなかで、接慰官《せついかん》▲の洪重夏《こうじゅうか》を、「接慰官の儀、朝鮮の名士と申し候。道理よく承知致され、両国誠信の儀を思われ候に付き、我々申し談じ候事よく合点仕られ候(接慰官は朝鮮の名士と評判の方です。道理をよくわきまえ、両国間の誠信の重要性に思いをいたしておられますので、われわれが交渉の場でやりとりしている内容もよく理解されています)」と紹介している(『竹島記事』元禄七年正月十五日条)。

一方、日本側では、一六九六年十月に対馬藩主から訳官卞同知《べんどうち》・釆判事《さいはんじ》▲に手交された口上書のなかで、竹島が因幡・伯耆に付属するわけではなく、空島であったので伯耆の漁民が渡航して漁をしていただけであり、また伯耆よりは遠

▼**接慰官**　ソウルから釜山《プサン》に派遣されて、到来する倭人《わじん》(主として対馬島人)を慰撫する役人。

▼**訳官卞同知・釆判事**　「同知」は同知中枢府事、「判事」は判中枢(または敦寧《とんねい》、義禁《ぎきん》)府事の略。いずれも名目的な官職で、通訳官卞なにがし、釆なにがしの肩書にすぎない。

く朝鮮よりは近い地なので、重ねて当方の漁民が渡海しないようにおおせつけよとの（幕府の）意向である、と述べたあと、「御誠信の段、忝《かたじけ》なく存ぜらるべく候（幕府の朝鮮に対する誠信の姿勢を朝鮮側もありがたく思っていただきたい）」とつけ加えている（『竹島考証』）。

当時の日朝交渉、ことに朝鮮側が少論派政権になる以前の段階では、問題を「嶋之争論」すなわち領土問題にすることをできるだけ避け、双方の顔が立つ方策を探ろうという姿勢が、明瞭にみられる。むろん、交渉のテーブルで向きあっている者どうしの発言だからこそという側面はあり、それぞれの本国には領土問題として扱おうという潮流があった。しかし、少論派にしても、「鬱陵島は朝鮮領」という「名」が確保されることが重要なのであり、この時点で空島化政策が根本的にみなおされたわけではない。結局、日朝双方が自国民の竹島（鬱陵島）渡航を禁じ、双方の漁民の接触を断つことで、問題解決をはかったのが、「竹島一件」の決着だったといえる。

右のような推移をみていると、現今の竹島論争の冷静さを欠いたやりとりよりも、よほど分別があるという印象を受ける。国家間の紛争を引き起こす可能性のある境界領域にはできるだけ手をださない智恵が、当時の両国にはあったのである。しかし一方で、双方の国家政策により、境界領域における人民の活動が封じられてしまったことも事実である。そこに、近代的な国境への歩みをみることも、必要な視点であろう。

## 国境《ボーダーレス》なき時代をみとおして

筆者の三十歳代ころまで（およそ一九八〇年代以前）は、日本を取りまく国境のイメージはきわめて固いものであり、その内と外とはまったく異質な空間のように感じられていた。それは、地球上のあらゆる空間がいずれかの国民国家によって排他的に支配されるという近代世界の原則と対応している。しかし、国境をまたぐ人びとの往来が驚異的に拡大し、かつまたEUのような国民国家の「融合」が現実のものとなった今、そのような原則も終りの始まりを迎えているように思われる。

とはいえ、世界各地で「国境紛争」の火だねはたえず、「北方領土《ほっぽうりょうど》」をはじめ竹《たけ》島《しま》や尖閣《せんかく》諸島▲の問題をかかえる日本もその例外ではない。そして、かの原則に

▼**尖閣諸島**　東シナ海南西部、八重山《やえやま》諸島の北方にある島嶼群。中国では釣魚島、台湾では釣魚台列嶼と呼ぶ。面積三・八二平方キロの魚釣島《うおつりじま》を最大とする数個の島や岩礁からなる。長く無人島であったが、一九七一年に地下資源の存在が確認されると、中国、台湾が領有権を主張し、日清《にっしん》戦争以来の領有を主張する日本と対立。

のっとるかぎり、紛争の終結は、いずれかの側が軍事的に勝利することでしか実現できないが、核時代の今日にあって、それが現実的な解決策ではありえないことも明白である。

この難問を解決する一つの糸口として、前近代的な国境観の復権が考えられないだろうか。そこでの国境はある幅をもつ広がりであり、となりあう二つ（あるいは三つ以上）の国家がまじりあう場であった。そしてこの空間においては、いずれの側にも一〇〇％属することのない人間集団（境界人《きょうかいじん》）とその活動があった。国家の中心部からみれば辺境であるが、境界であるがゆえに豊かな富を生みだすエネルギーが、そこにはうずまいていた。

どんなちっぽけな岩礁さえも、いずれかの国家の所有物でなければならない、というような、干からびた固定観念から脱し、となりあう複数の国家が手を携えて、境界地域こそが秘めている可能性を開発する。こうした方向へと発想を転換することが、長い目でみて「国境紛争」を解決しうる方策なのではないだろうか。

## ●──写真所蔵・提供者一覧(敬称略・五十音順)

青森県埋蔵文化財調査センター　p. 19
秋田県埋蔵文化財センター　p. 7下, 12下
田舎館村教育委員会　p. 7上
沖縄県立博物館　p. 79上・下左
沖縄県立博物館・福岡市博物館『チャイナタウン展』2003年　扉
(社)鹿児島県観光連盟　p. 71下
鎌倉芳太郎撮影・沖縄県立芸術大学蔵　p. 78上
共同通信社　p. 85上
宮内庁三の丸尚蔵館・中央公論新社　p. 34, 63, 64
神戸市立博物館　カバー表
寿福寺・鎌倉市教育委員会　p. 53
崇福寺・福岡市博物館　カバー裏
東京国立博物館(飛騨守惟久筆, 重文)　Image:TNM Image Archives Source:http://TnmArchives.jp/　p. 21
東京大学史料編纂所　p. 69
東寺蔵・東京大学史料編纂所提供・真人元開撰『唐大和上東征伝』1931年　p. 28
福岡市埋蔵文化財センター　p. 41, 49上・下

細井計編『東北史を読み直す』吉川弘文館, 2006年
保立道久『物語の中世—神話・説話・民話の歴史学—』東京大学出版会, 1998年
保立道久『黄金国家—東アジアと平安日本—』青木書店, 2004年
村井章介『アジアのなかの中世日本』校倉書房, 1988年
村井章介『中世倭人伝』岩波書店, 1993年
村井章介『国境を超えて—東アジア海域世界の中世—』校倉書房, 1997年
村井章介「鬼界が島考—中世国家の西境—」『別府大学アジア歴史文化研究所紀要』17号, 2000年
村井章介『東アジアのなかの日本文化』放送大学教育振興会, 2005年
村井章介・佐藤信・吉田伸之編『境界の日本史』山川出版社, 1997年
森公章「劉琨と陳詠—来日宋商人の様態—」『白山史学』38号, 2002年
柳原敏昭「中世前期南九州の港と宋人居留地に関する一試論」『日本史研究』448号, 1999年
柳原敏昭「九州の唐坊・唐房の由来を探る」服部英雄編『地名を歩く—地名が囁く知られざる歴史—』新人物往来社, 2004年
山内晋次『奈良平安期の日本とアジア』吉川弘文館, 2003年
琉球新報社編『新・琉球史　古琉球編』琉球新報社, 1991年

kaigaku.org/02f/i020511/t5.html
小嶋芳孝「古代日本海世界北部の交流」村井章介・斉藤利男・小口雅史編『北の環日本海世界』山川出版社, 2002年
小嶋芳孝「錫の来た道―北方日本海域の民族交流―」同志社大学歴史資料館2002年公開講座
小林茂・磯望・佐伯弘次・高倉洋彰編『福岡平野の古環境と遺跡立地』九州大学出版会, 1998年
五味文彦「紙背文書の方法」石井進編『中世をひろげる』吉川弘文館, 1991年
斉藤利男「蝦夷社会の交流と『エゾ』世界への変容」鈴木靖民編『古代蝦夷の世界と交流(古代王権と交流１)』名著出版, 1996年
佐伯弘次『モンゴル襲来の衝撃(日本の中世９)』中央公論新社, 2003年
杉山正明『疾駆する草原の征服者　遼・西夏・金・元(中国の歴史08)』講談社, 2005年
関周一『中世日朝海域史の研究』吉川弘文館, 2002年
田島公「日本, 中国・朝鮮対外交流史年表―大宝元年～文治元年―」奈良県立橿原考古学研究所附属博物館編『貿易陶磁―奈良・平安の中国陶磁―』臨川書店, 1993年
田中健夫『中世海外交渉史の研究』東京大学出版会, 1959年
東北学院大学史学科編『歴史のなかの東北―日本の東北・アジアの東北―』河出書房新社, 1998年
鳥取県立図書館編『シンポジウム　東アジア世界の交流と波動―海と島と倭寇と文化―』鳥取県立図書館, 2006年
内藤正中『竹島(鬱陵島)をめぐる日朝関係史』多賀出版, 2000年
中村栄孝「竹島と欝陵島―竹島の帰属問題によせて―」『日鮮関係史の研究』下, 吉川弘文館, 1969年
博多研究会編『博多遺跡群出土墨書資料集成』博多研究会, 1996年
服部英雄「日宋貿易の実態―『諸国』来着の異客たちとチャイナタウン『唐房』―」『東アジアと日本　交流と変容』２号, 九州大学COEプログラム, 2005年
バートン, ブルース『日本の「境界」―前近代の国家・民族・文化―』青木書店, 2000年
藤本強『もう二つの日本文化―北海道と南島の文化―』東京大学出版会, 1988年

## ●—参考文献


赤坂憲雄・中村生雄・原田信男・三浦佑之編『いくつもの日本』全７巻，岩波書店，2002〜03年

阿部義平『蝦夷《えみし》と倭人』青木書店，1999年

池内敏「『鎖国』下の密貿易と環日本海の港町」村井章介編『港町と海域世界（港町の世界史１）』青木書店，2005年

池内敏『大君外交と「武威」―近世日本の国際秩序と朝鮮観―』名古屋大学出版会，2006年

石井正敏『東アジア世界と古代の日本（日本史リブレット14）』山川出版社，2003年

入間田宣夫・小林真人・斉藤利男編『北の内海世界―北奥羽・蝦夷ケ島と地域諸集団―』山川出版社，1999年

上原兼善『幕藩制形成期の琉球支配』吉川弘文館，2001年

大庭康時「博多綱首の時代」『歴史学研究』756号，2001年

大庭康時「博多の都市空間と中国人居住区」深沢克己編『港町のトポグラフィ（港町の世界史２）』青木書店，2006年

長節子『中世国境海域の倭と朝鮮』吉川弘文館，2002年

小田雄三「嘉元四年千竈時家処分状について―得宗・得宗被官・南島諸島―」『年報中世史研究』18号，1993年

海保嶺夫『エゾの歴史―北の人びとと「日本」―（講談社選書メチエ69）』1996年

上川通夫「日本中世仏教の成立」『日本史研究』522号，2006年

紙屋敦之『幕藩制国家の琉球支配』校倉書房，1990年

紙屋敦之『琉球と日本・中国（日本史リブレット43）』山川出版社，2003年

亀井明徳『日本貿易陶磁史の研究』同朋舎出版，1986年

川添昭二「鎌倉中期の対外関係と博多―承天寺の開創と博多綱首謝国明―」『九州史学』88〜90合併号，1987年

川添昭二編『東アジアの国際都市博多（よみがえる中世１）』平凡社，1988年

川添昭二・網野善彦編『中世の海人と東アジア（宗像シンポジウム２）』海鳥社，1994年

小嶋芳孝「古代北陸の国際交流―能登臣馬身龍が見た北方日本海世界―」（2002年度日本海学講座，富山県主催，2002. 11. 16）http://www.nihon

日本史リブレット28
境界《きょうかい》をまたぐ人《ひと》びと
2006年5月25日　1版1刷　発行
2020年11月30日　1版6刷　発行
著者：村井章介《むらいしょうすけ》
発行者：野澤武史
発行所：株式会社 山川出版社
〒101－0047　東京都千代田区内神田1－13－13
電話　03(3293)8131(営業)
03(3293)8135(編集)
https://www.yamakawa.co.jp/
振替　00120-9-43993
印刷所：明和印刷株式会社
製本所：株式会社 ブロケード
装幀：菊地信義

Printed in Japan ISBN 978-4-634-54280-8

# 日本史リブレット　第Ⅰ期［68巻］・第Ⅱ期［33巻］　全101巻

1 旧石器時代の社会と文化
2 縄文の豊かさと限界
3 弥生の村
4 古墳とその時代
5 大王と地方豪族
6 藤原京の形成
7 古代都市平城京の世界
8 古代の地方官衙と社会
9 漢字文化の成り立ちと展開
10 平安京の暮らしと行政
11 蝦夷の地と古代国家
12 受領と地方社会
13 出雲国風土記と古代遺跡
14 東アジア世界と古代の日本
15 地下から出土した文字
16 古代・中世の女性と仏教
17 古代寺院の成立と展開
18 都市平泉の遺産
19 中世に国家はあったか
20 中世の家と性
21 武家の古都、鎌倉
22 中世の天皇観
23 環境歴史学とはなにか
24 武士と荘園支配
25 中世のみちと都市
26 戦国時代、村と町のかたち
27 破産者たちの中世
28 境界をまたぐ人びと
29 石造物が語る中世職能集団
30 中世の日記の世界
31 板碑と石塔の祈り
32 中世の神と仏
33 中世社会と現代
34 秀吉の朝鮮侵略
35 町屋と町並み
36 江戸幕府と朝廷
37 キリシタン禁制と民衆の宗教
38 慶安の触書は出されたか
39 近世村人のライフサイクル
40 都市大坂と非人
41 対馬からみた日朝関係
42 琉球の王権とグスク
43 琉球と日本・中国
44 描かれた近世都市
45 武家奉公人と労働社会
46 天文方と陰陽道
47 海の道、川の道
48 近世の三大改革
49 八州廻りと博徒
50 アイヌ民族の軌跡
51 錦絵を読む
52 草山の語る近世
53 21世紀の「江戸」
54 近代歌謡の軌跡
55 日本近代漫画の誕生
56 海を渡った日本人
57 近代日本とアイヌ社会
58 スポーツと政治
59 近代化の旗手、鉄道
60 情報化と国家・企業
61 民衆宗教と国家神道
62 日本社会保険の成立
63 歴史としての環境問題
64 近代日本の海外学術調査
65 戦争と知識人
66 現代日本と沖縄
67 新安保体制下の日米関係
68 戦後補償から考える日本とアジア
69 遺跡からみた古代の駅家
70 古代の日本と加耶
71 飛鳥の宮と寺
72 古代東国の石碑
73 律令制とはなにか
74 正倉院宝物の世界
75 日宋貿易と「硫黄の道」
76 荘園絵図が語る古代・中世
77 対馬と海峡の中世史
78 中世の書物と学問
79 史料としての猫絵
80 寺社と芸能の中世
81 一揆の世界と法
82 戦国時代の天皇
83 日本史のなかの戦国時代
84 兵と農の分離
85 江戸時代のお触れ
86 江戸時代の神社
87 大名屋敷と江戸遺跡
88 近世商人と市場
89 近世鉱山をささえた人びと
90 「資源繁殖の時代」と日本の漁業
91 江戸の浄瑠璃文化
92 江戸時代の老いと看取り
93 近世の淀川治水
94 日本民俗学の開拓者たち
95 軍用地と都市・民衆
96 感染症の近代史
97 陵墓と文化財の近代
98 徳富蘇峰と大日本言論報国会
99 労働力動員と強制連行
100 科学技術政策
101 占領・復興期の日米関係